其一「考據資料」：引用歷史文獻及貨幣史資料，更引用近年來考古出土報告，各地錢幣家發表文章、著述等。如：彭信威中國貨幣史、丁福保歷代古錢圖說、文物考古及近代泉學家孫仲匯、黃錫全等先進之文章，另有中國各省市錢幣學會刊物等等；在文章中原文引述，並注釋取得來源處及原作者大名，部份若為本人論點，此部份皆用「本人認為」或「拙見」或「筆者以為」等作為主觀的論點。文章引用希望是最新資料、或已定論者，縱然尚有爭議的論點更不放棄，因為歷史文獻會因新出土的資料不斷翻新、修正，此乃文化上的進步，不必在意後學者的反駁；「理」是越辯越白，我們不僅有雅量接受批評，更歡迎有實物證據的指正。「錢幣學」文章、書籍很多，只是太多人只輾轉抄錄前人作品，並未立新論或提出新證據，新主張。固然新論點常常因為新證據的不足、薄弱等等有所保留，但是「大膽假設、小心求證」乃是作學問的根本動力，寧可錯紕，也不可拘泥，更不可只拾前人牙慧而自滿。

其二「錢幣資料」：儘量引用自己的收藏品，歷代古錢浩翰如海，不可能集全；無法蒐集的部份，引用發表過了拓片、圖像，轉錄於書中並註明來源處。歷代新紀元的年號錢或重要稀少的錢幣或待考證的錢幣，皆標示年代、材質、規格、重量、備註等。並拍攝彩圖加以放大刊出，其餘錢幣儘可能全部以一比一原尺寸大小彩色圖片印出，此乃本書之特點。

其三「相關圖片資料」：「錢幣學」最深奧難懂的就是中國歷史漫長、歷代皇帝年號又多，造成考據之困難，無可避免的會頻頻引用歷代文獻資料，造成文章冗長，讀來相當吃力，很多人、事、地、物，都要從字詞間裡去想像：想像力弱的人，或耐心較差的人，實在讀來索然無味，興趣減低，最多只是看看拓片，瞭解一下自己手中藏品的珍稀和價值，滿足一下佔有慾，這對「錢幣學」的發展並無益處，也辜負了學者研究的苦心。「錢幣」上的資料、相關遺址因年代久遠，不可考或已荒蕪，難以取得攝錄，但本書以此為「誌」，克服困難，在真跡難覓的部份也會擷取些有關連的、生動的、趣味的，讓冷冰冰的古錢增加另外的色彩及生命，此乃本書另一特色。筆者學淺、膽大「班門弄斧」作此著述，錯誤難免，尚望前輩、學者給予指正，不勝感激。

二〇一四年五月於台北寓中

漢立國及
初期貨幣

漢立國及初期貨幣

西元前209年秦二世皇帝胡亥元年秋七月陳勝、吳廣起兵於蘄，八月楚將武臣自立爲趙王，九月劉邦起兵稱沛公，楚人項梁起兵於吳。齊田儋、趙韓廣魏、公子咎自立爲王。

西元前208年秦少府章邯擊敗楚兵，陳勝爲下所殺，趙武臣死。張耳、陳餘立趙歇爲王，沛公以張良爲廄將，六月項梁立楚懷王孫羋心爲王。韓成爲韓王。田儋、魏、咎皆爲章邯所殺，田榮立田市爲齊王，九月章邯破楚軍項梁死。秦二世胡亥殺李斯，以趙高爲中丞相。

西元前207年楚次將項籍（項羽）殺宋義代之，大破秦軍虜王離，楚懷王遣沛公西攻秦，七月章邯降於項籍，八月沛公進武關，趙高弑帝，立子嬰爲王，九月嬰討殺趙高，沛公入嶢關。

▼ 劉邦故里沛縣，今江蘇沛縣，因劉邦爲漢立國君主，來此景仰和觀光的人眾多，其家鄉故居修飾的宏偉壯觀有如王宮。

西元前 206 年十月沛公至霸上，子嬰降，秦亡。

　　沛公劉邦入關破秦之後，項羽也引兵入關，進駐鴻門。劉邦自度兵力不敵，親往鴻門謝罪，佯示服從，項羽即得關中，實行分封自立為西楚霸王，分封完畢並返彭城（今徐州）；劉邦受封為漢王，乘機併有關中，衝突再起，與項羽對持於滎陽成皋，並遣韓信破趙下齊，項羽自知形勢日趨不利，與劉邦約以鴻溝為界。劉邦背約追擊，項羽兵敗自刎於烏江。

「陳勝、吳廣起義處」，今安徽宿州西坡寺涉古台，秦二世元年（西元前 209 年）各地亂起，遂令漁陽地區鄉里貧弱之民戍守，陳勝、吳廣率九百戍卒支援，遇大雨不止，道不通，恐已失期，失期依法當斬。乃謀曰：「今亡亦死，舉大計亦死，等死，死國可乎？」遂叛，自立為將軍，稱大楚。

◄「招龍樹」陳勝、吳廣在此樹下召卒，眾反秦起事，並被眾人推為首領之處。

▼ 今涉古台村景，適逢四月春暖，油菜黃花處處盛開。

▲「漢臺」：為劉邦在漢中稱漢王時的宮廷遺址，當項羽封劉邦為漢王時，劉邦很不愉快，丞相蕭何曰：「漢中為天漢，其稱甚美，仰大王王漢中，天下可圖也！」，劉邦以漢中為發祥地，築台拜將，操練兵卒，掃三秦，平群雄，建立了漢王室。

➤「棧道遺跡」：劉邦被項羽封為漢中王，由褒斜道入漢中，過後燒絕棧道，表示無意爭奪中原，麻痺對手。後來他又採納韓信之計「明修棧道，暗渡陳倉」，明修棧道，就是圖中的褒斜道。

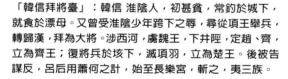

「韓信拜將臺」：韓信 淮陰人，初甚貧，常釣於城下，就食於漂母。又曾受淮陰少年跨下之辱，尋從項王舉兵，轉歸漢，拜為大將。涉西河，虜魏王，下井陘，定趙、齊，立為齊王；復將兵於垓下，滅項羽，立為楚王。後被告謀反，呂后用蕭何之計，始至長樂宮，斬之，夷三族。

「張良像」：張良字子房，其先五世相韓，秦滅韓，良悉以家財求客為韓報仇，得力士為鐵椎重百二十斤，狙擊始皇於博浪沙誤中副車，乃更姓名，亡匿下邳。他曾受太公兵法於黃石公，佐漢高祖滅項羽，定天下，封留侯。

「西楚霸王 楚宮」：故址在徐州城，為項羽建都彭城時所建，今當地戲馬台是其遺址之一。

➤ 項羽為楚名將項燕之孫，因其父項梁殺人而隨叔父亡命於吳。羽少豪氣軒宇，力大能舉巨鼎，甚為當地人推崇。秦末各地起義，項梁遂起兵，招收精兵八千人，以羽為裨將，沿途收納豪傑陳嬰、英布、劉邦等。陳勝死後，梁從范增之議，立楚懷王之孫心於盱台，自號武信君。西元前 209 年 9 月秦將章邯破梁軍，梁戰死，項羽引兵渡河，破釜沉舟，以一當十破秦軍後，諸侯將入見，無不膝行，莫敢仰視。羽由是為諸侯上將軍。

➤ 烏江渡口：位於安徽和縣東北，當地名烏江浦，土多黑壤，故名。楚漢相爭，項羽失利至此，烏江亭長泊舟待欲渡之，而羽不欲渡，乃自刎而死。

筆者以實地摘一段榆莢讓大家目睹：它的莢果呈圓扁狀，大小若我們啃瓜子的瓜子仁大小接近，這榆莢果結果實時間約在台灣農曆春節前後，果實盈繁而輕，隨風飄飛，多時有如春降瑞雪。古藉曾載，此果可食，但不知何烹煮？

▼ 榆樹的果實──「榆莢」。

避免混淆茲將分類如下：

「莢錢」：（莢錢和榆莢）

16mm　0.8g

14.3mm　0.3g

秦末漢初的廣穿半兩：（有一部份被移作冥錢）

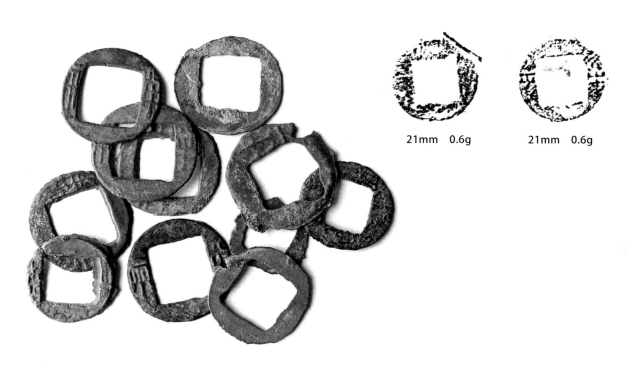

21mm　0.6g　　　21mm　0.6g

高后的五分錢：

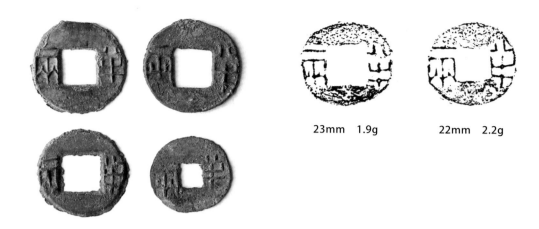

23mm　1.9g　　　22mm　2.2g

繫在出土人俑上的小半兩：（陪葬用）

（放大圖）

鄧通半兩

《漢書·鄧通傳》：「文帝賜通，蜀，嚴道銅山，得自鑄錢，鄧氏錢布天下」。

《西京雜記》：「文帝賜鄧通，蜀，銅山，聽自鑄錢，文字肉好背與天子錢同。」

鄧通固然是寵臣，但也和當時文帝的貨幣政策有關，文帝在穩定幣值的時候，一方面加重銅錢的份量，一方面卻讓人民自由鑄錢，當時一般人以爲物價波動是因爲鑄造惡幣而引起的，只要停止惡幣的鑄造，物價便可以復原了。所以西漢政府對吳王濞和鄧通等人的私鑄，並不干涉，因爲他們鑄的錢，是遵照中央政府的標準。西漢政府對於鑄錢的放任主義，可能還有一個原因，就是民間鑄錢

「嚴道銅山」：
今滎經縣寶峰鄉

和政府鑄錢，性質是差不多的，民間鑄的錢，政府可以用租稅的方法收歸國庫，倒反省了一筆鑄造費用。

文帝賜鄧通，嚴道銅山的嚴道，即是今日之滎經縣六合鄉的姑城坪（村），目前滎經已建立了嚴道古城博物館。銅山按《華陽國志》記載在今滎經縣北三十里，而今距滎經縣北三十里的地方，恰是滎經縣所屬之寶峰鄉一帶（其中包括今天全部銅廠鄉的一部份）寶峰鄉距滎經縣城 14 公里，距嚴道（今之古城坪城）恰是三十里。寶峰鄉境內的寶子山即為文帝賜給鄧通鑄錢的銅山。

在這兒要特別一提的是，嚴道銅山礦，當地群眾很形象地稱之為「雞窩銅礦」，礦井不是從上往下打，而是順山點礦，比比皆是，《滎經縣志》稱：「密如蜂巢」，至今仍有不少農民自行開採。

上述三縣曾出土西漢時期的半兩錢千餘枚，錢幣多保存完美，規範大體相差不大，這批錢經我們選擇部份予測定，絕大多數錢徑均在 2.3～2.4 厘米，穿徑 0.7～1 厘米之間。

以上三縣出土之半兩錢與文帝時期所規定的計重標準「四銖」不相上下，又據《錢幣》記載：鄧通，嚴道銅山所鑄造的半兩錢重量大小均與文帝四銖半兩錢基本一致。（余永恆、李炳中：嚴道鄧通鑄錢地略考《成都錢幣》1995.1 期）

泉學家常將一種文帝時期的四銖半兩，其面文上下凸出如銅瘤的半兩錢，全歸類為「鄧通半兩」；這和出土資料有所不同，只能說它是「鄧通半兩」的一種，其實要細分「鄧通半兩」「文帝四銖半兩」兩者之差異，實在不可能。

22mm　2.8g

22mm　2.7g

23mm　3.3g

22mm　2.8g

▲ 從銅山鳥瞰悠悠溪河，為銅
礦開採提供了方便的水路運輸。

➤ 孔雀石（銅礦）。

多福半兩

其穿上下，多出凸銅塊，原因是鑄幣完成後，發覺重量不足，不合規制，只好在錢范上，上下各再挖凹一小塊，以增加注銅量，達到標準，一般多出現在文帝的四銖半兩。日本有「福神」之造像，其臉孔除笑咪咪外，特徵就是上額凸，下巴凸，故謂：上下凸出的半兩錢，為「多福」取其吉祥耳。日本收藏家的最愛。

十字半兩

其「兩」內之「人」或「入」字皆呈「十」字狀，稱：「十字兩」。此錢成變體之一種；或為省時起見，雕刻書成此形。

連山牛兩

其「兩」字之「雙入」字幾成△狀或呈雙峰狀,固稱之謂:「連山兩」。

倒置牛兩

其「牛」字或「兩」字,其中一字上下顛倒安置成「牛坐」。

鎏金牛兩

鎏金和包金不同,鎏金是將黃金和水銀混熔後,成泥金後用筆沾塗在錢幣上,爾後在火上熬烤讓泥金硬化緊其附在金屬面上。(《故宮文物》五期 58 頁)

羊字半兩

「半」字多書寫一橫劃，形成「羊」字，和郵票、鈔票等的變體一樣。

踊半兩

踊字，跳躍之意，即其「半兩」二字像似有喜事而樂，舞之踊之，故曰：「踊半兩」。

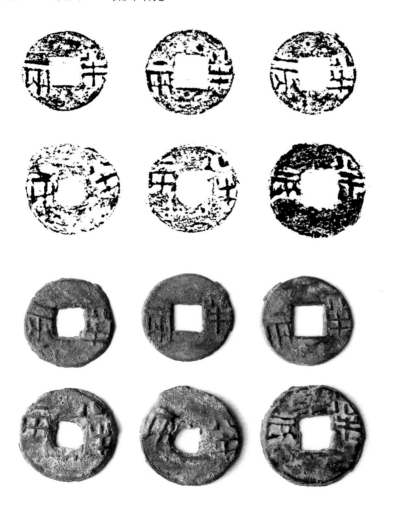

缺筆半兩

　　「半兩」之標準書體者，常發現「半」或「兩」字之筆畫減少或消失，此乃「偷工」之產物。

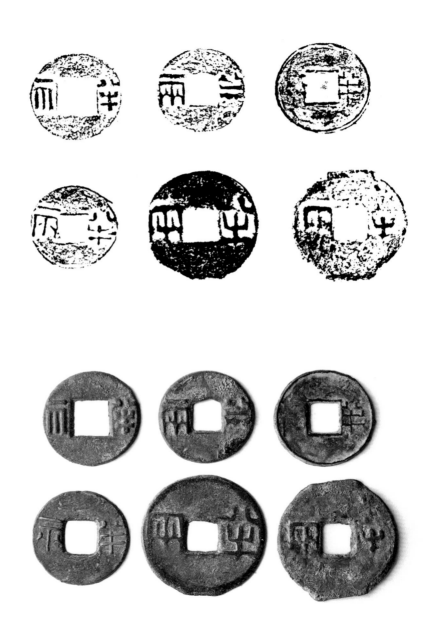

豎文半兩

　　半兩錢面有豎文者多，有直豎文、斜豎文等，有一劃，有多劃。其背有豎文者少。

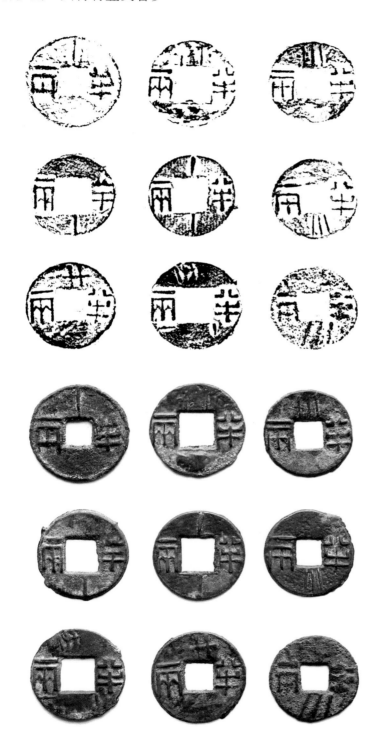

其他

蛇目半兩

　　「蛇目半兩」，是漢四銖半兩中的一種外輪廓較寬的半兩錢。它特徵是外郭較寬，穿孔較大，「半兩」二字一半在廓，一半在內。

　　鑄造這種錢幣的錢范，其范上錢幣型腔的刻制工序應該是：一、首先在錢范的坯料上，畫出錢外廓及內穿的邊框線。二、依所畫邊框線刻製出錢肉型腔。三、在錢肉腔內刻製出陰文左「半」右「兩」兩字。四、最後刻製出陰紋外廓。

　　形成「蛇目半兩」原因，可能是將第三、四道工序顛倒進行；即三、刻制陰紋外廓，四、最後刻製出陰文左「半」右「兩」二字。但這樣結果是，由於較寬的外廓先刻成，穿孔又較大，所剩錢肉也就無幾，不夠再刻製「半兩」二字，因此只能刻製「半兩」二字的各一半，故所鑄成的錢幣，也就只能看到「半」字的左半部和「兩」字的右半部。這「蛇目半兩」並無減重現象。

　　「蛇目」兩字來源，雖其圈如蛇瞳，其實此「蛇目半兩」應為日本泉幣收藏家所取。在《東亞錢志》奧平昌洪曾有著墨，筆者在參覽日本福岡縣的熊本城（建於慶長六年，西元 1601 年），其城主加藤清正的族徽就是「蛇目」；日本人稱環如睛的圖案為「蛇目」乃習慣用語。泉壇引以為常。

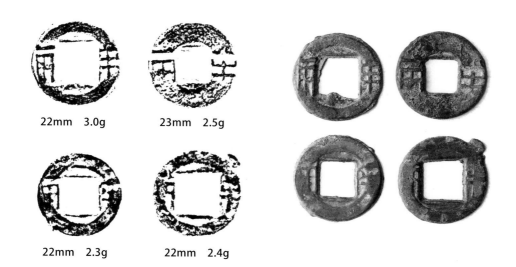

22mm　3.0g　　　　23mm　2.5g

22mm　2.3g　　　　22mm　2.4g

➤ 蛇目半兩放大圖。

▼ 從圖中可知半兩石范的刻范先後秩序，先用類似今日圓規這樣的工具，在石版上劃出圓廓，然後再刻出內方穿，最後再刻「半兩」二字。「蛇目半兩」即是在最後刻半兩二字時，因外廓留得太寬，而內穿又開了太大，以致錢肉部份容納不下，只好一部份字體溢至外廓上。

規與矩：
漢代畫像中伏羲和女媧的畫像，兩人手中
一持規一持矩，規所以正圓，矩所以正
方。
由漢人對規矩之應用，可知當時在科技方
面已能普遍的力求精密。

◄ 熊本城城主加藤清正族徽，即是「蛇目」
圖案。

▼ 日本 九州 熊本城 。

CHAPTER 2

漢武帝的
貨幣統一政策

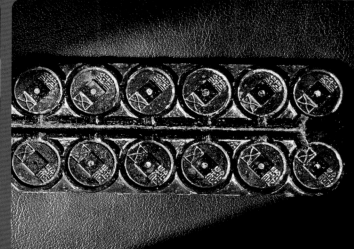

漢武帝的貨幣
統一政策

　　武帝最初的貨幣政策，是發行成本低而定價高的新幣。以白鹿皮方尺，邊加繪繡，為皮幣，當四十萬錢，限王侯宗室朝覲聘享必須用作禮物；又創鑄銀錫合金的貨幣大小凡三種：龍文，圓形，重八兩三的當三千；馬文，方形的當五百；龜文，橢圓形的當三百。又把錢改輕，令縣官鎔銷「半兩錢」更鑄「三銖錢」，後因三銖錢輕小易假，令更鑄「五銖錢」；又由中央發行一種「赤仄錢」，以一當五，限賦稅非赤仄錢不收。但銀幣和赤仄錢，因為折價太甚，終於廢棄。而其他的錢幣，因為盜鑄者眾，量增價賤。於是武帝只好實行幣制的徹底改革。

25mm
4.0g

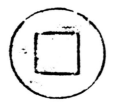

上林鑄幣廠所鑄造的「三官五銖」。
（右為放大圖）

元鼎四年（西元前 113 年）西漢政府再次實行幣制改革，於是悉禁郡國無鑄錢，專令上林三官鑄幣。「上林三官」是指水衡都尉屬官均輸、鍾官、辨銅令，諸郡國所制鑄錢皆廢銷之，輸其銅三官：新五銖因由上林苑水衡都尉所屬，三官分別負責鑄造，審查和鑄幣技術，故又稱「上林錢」或「三官錢」。三官錢因為由專門機構承製，品質得以保証。

　　而且，此時製作技術也提高了，鑄錢已經採用了銅質母笵的方法，因此鑄出的銅錢大小和式樣完全一樣。原來錢的邊緣是用手工挫平，至此時，已經改為疊串在一起用車刀車平，幣面所紀重量與法定重量一致，輕重適宜，便於流通。

　　而銅料的集中控制，也使得私鑄之風大為衰減，盜鑄問題基本上被控制，市面流通的虛幣、惡幣、假幣沒有了，三官錢乃天下唯一合法錢幣，「令天下非三官錢不得行」「三官五銖」獨步漢帝國廣大疆域。秦、漢以來的幣制得到了真正統一。（張蔭麟：漢武帝的新經濟政策《中國史綱・上古篇》）（譚曉麗：秦漢的幣制統一與鑄幣權述論《成都錢幣》，1995.1）

漢 長安宮城牆遺址。

「上林鑄幣廠遺址」，遠處土丘是未央宮遺址。

上林鑄幣廠遺址之一，今：窩頭寨。

上林三官五銖，陶背范。

▲ 上林鑄幣廠遺址之一，今：高低堡。
➤ 上林苑的瓦當，漢稱：上林學宮（黨順民 藏）。

赤仄五銖的爭議：

　　西漢五銖分類，以赤仄五銖爭議較多，赤仄五銖一般學者引經據典，都以「赤仄」兩字的文意來發揮。事實上先秦至漢初，錢幣的材質成份並不明確，一般看來皆成紅銅色或水紅色，並非從赤仄五銖才開始有紅銅錢；我們來看看另一種見論，筆者一九九六年秋和黨順民先生切磋，得知關中一帶當地人稱物品：值不值錢，口音為：「值嘎不值嘎」。「值嘎」為值錢之義，音「ㄓˊ ㄍㄚˊ」，這千年不變的地方口音竟然和「赤仄」二字的發音相同。

　　《前漢書‧食貨志》中：「令京師鑄官鑄赤仄（應劭曰：所謂子紺錢也！如淳曰：以赤銅為其郭也！今錢郭見有赤者不知作云何也？）以一當五……。」這「紫紺錢」就是漢武帝時的赤仄錢。我們不能以「子紺」二字作解釋，否則會越說越文不對題，若以諧音視之，則主題的意思就接近了；所謂「諧音」，就是一個物品或一件事從常用的語彙中找不到它的讀法，只能跟隨當地人的口音發音，在書寫上，尋相近的字詞著錄。這在中國的語文上是常有的，例如：「維他命」（Vitamin）是外國人常用的營養劑，中國人也常用它，人人都知道此物是什麼；「維他命」三個字就是以中國字相似的發音著寫的，後人若以字面的意思作解釋，可能就會弄迷糊了。所以我認為「子紺」就是「赤側」，不論「子紺」或「赤側」還是「赤仄」以至《史記‧平準書》中的「紫紺」，它們發音都相近，也就是當時人稱「以一當五」值錢的新五銖「赤仄五銖」；「子紺」「紫紺」「赤側」「赤仄」關中人士都讀：「ㄓˊ ㄍㄚˊ」。所以筆者拙見，所謂：「赤仄錢」只是元鼎二年新發行值錢的「當五」五銖，和後人討論的「側磨其邊」「赤銅以鑄……」等的關連不大。

　　本人同意汪有民的看法，其文如下：

　　要弄清赤仄五銖的形制特徵，必須先弄清它在當時的流通程度，範圍和時間，今天是否能是實物？

　　赤仄一投放，便令「賦官用非赤側不得行」，那麼赤

仄錢成了賦稅和官用的專用幣，賦稅和官用是貨幣流通的兩條重要渠道，涉及全國各地。從元鼎二年到四年，赤仄錢在全國流通了兩年左右、就當時社會情況來講，廢後的回收要徹底是不可能的。那麼現在在大量出土或傳世的西漢五銖中必有一定份量的赤仄五銖。

從「一當五」用，到「赤仄錢賦，民巧法用之」，可看到赤仄錢由於是虛值幣，而造成賤。民以巧法用之，說明它的大小形制、輕重、錢文等和郡國錢基本相同。但赤仄五銖的標記在那裡？我們可先從「赤仄」兩字入手，這也是泉界研究赤仄錢的常用方法之一，但以前人們往往單從「赤」字的紅色意和「仄」字的斜邊入手，而難定「赤仄」五銖之實。「赤仄」兩字在古漢語中有多種意思，「赤」在《中華大字典》的第八條中是「空盡無物曰：赤」，第十六條中是「裸程曰：赤體」，那麼在五銖錢中「赤」可指錢肉，空曠而裸程；「仄」（通側）字在漢語常用字字典中的第一條是「傾斜，偏斜」，在《說文‧段注》中有「不正曰：仄，不中曰：側」之說。把二字上述釋義聯起來，用到五銖錢上，就是指錢肉中有斜物，而四角決文五銖者，錢肉中有四條斜文也。這樣就名符其實，人們一聽可懂，一看便識，後人不識赤仄，主要是取字義有誤，多以鑄幣工藝去理解而致。

鑄赤仄五銖之前，皆由各郡國鑄五銖，中央無鑄幣，京師要鑄赤仄五銖，並通行全國，鑄錢之工匠及設備，必須從各郡國請用，只是在形制上加上加鑄四決文，以示「赤仄」，要求鑄工精細，以襯當五，但所請的工匠不可能來自同一郡國，水平也難一致，所以今日所見四角決文錢雖多精美，但也還是有差異的；帶有橫郭或星點的，可能是開鑄時借來郡國錢范只加刻四決文而致，或京師各爐的記號，所以赤仄錢是具有郡國錢風格的。從中國科學院自然科學史研究所測定和「滿城漢墓發掘報告」發表的化驗結果來看，四角決文錢含銅量在 67% ～ 87% 之間，而郡國五銖含銅量一般都高於四角決文錢，含一定比例鉛錫的錢，不僅鑄造性能好，而又精美、耐磨，這也說明了四

角決文錢爲京師所鑄。

赤仄五銖的主要弱點是單以四決文而區別他錢，而導至一般百姓可在錢郭較淺而肉厚的郡國五銖錢上銼刻出四角決文，即巧用之。當然鞏固的武帝時期，各郡國一般是不敢冒鑄赤仄的，只是部分官員拒收這種虛值幣，而民則能巧用之。

滿城中山靖王劉勝之墓所出五銖，已成爲泉界探索郡國五銖，赤仄五銖同三官五銖的重要實物資料，劉勝卒於元鼎四年，正是廢赤仄，禁郡國五銖，行三官五銖之年。墓中的四角決文五銖的置放，種類和比例都能說明它與其它五銖的很大區別，應爲赤仄錢。

從置放情況看，墓中 2317 枚五銖錢（含一枚半兩錢），中室有 2034 枚，後室有 283 枚，中室只夾有少量的四角決文錢，而後室 278 枚「以繩爲貫和 40 枚金餅同裝於漆盒之中」「多數爲四角決文記號錢，其中 106 枚品相相同，這 106 枚五銖錢製作精細、錢面平滑……」（滿城漢墓錢幣新探）。四角決文錢較集中地穿貫起來同金餅一起裝於漆盒中，當爲高價值的錢，而中室也夾有少量的四角決文錢，在劉勝這樣的靖王之家對當五的赤仄錢是不會十分重視的，何況都是陪葬。漆盒中的其它五銖，可能是劉勝郡國所鑄，或爲新行的三官錢，而受重視，同赤仄一起穿貫，放於金餅一處。

從各種版別來看，有穿上橫郭、穿下橫郭、穿上三角、穿下三角、穿上半星、穿下半星、穿上粟文、穿上仰四角文、四角決文與穿上三角、四角決文與穿上下橫郭、穿上下橫郭、穿上下三角、穿上方文等 10 餘種（滿城漢墓錢幣新探）；還有一種穿下橫郭四角決文，其中四角決文錢有四種之多，其它記號只有一種，多則兩種。一般認爲，記號爲各郡國所作，表示某種記號爲某國所鑄錢。而這裡四角決文即有四種之多，且鑄工精美。如果一個郡鑄四角決文爲記，又怎會加鑄多國之記號呢？幾個郡國都有自己的記號，又何必同加個四角決文呢？既作記號只需一畫兩畫即可，又有誰願作四畫以上的記號？可見四角決文

錢非郡國記號錢，而是京師表示肉中有側文的錢，即赤仄錢。至於它的種類有幾種，是由於借用郡國錢只加刻四文而致，或為各爐之記。

從比例看，四角決文錢大多集中在漆盒中，與金餅一起，因它非一般郡國錢，而是價值達五倍的赤仄新錢，所以另眼相待，以致流散在中室的也就很少了。（汪有民《考古與文物》1994.5）

筆者的拙見，也算一種見論吧！

《史記·平準書》。

《漢書·食貨志》。

「令京師鑄鍾官赤側」注釋中：「如淳曰：以赤銅爲其郭也！今錢見有赤側者不知作法云何？」。文中如淳很清楚的說出對「赤側」錢實物的懷疑？「一當五賦官用非赤側不得行」注釋中：「漢書音義曰：俗所謂紫紺錢也！」。意思很清楚的說明子紺錢是一種「諧音」（地方語言），「俗所謂」就是「當時一般人之通俗稱呼」之義，這注釋上已經把「赤側」五銖的意思點明了。

　　我們再看右邊的《漢書·食貨志》「公卿請令京師鑄官赤仄」注釋：「應劭曰：所謂子紺錢也……」。

　　從這《史記》和《漢書》中的敘述，我們把它整理出來，可以瞭解「赤側」、「赤仄」、「紫紺」、「子紺」，全都是說一種新錢幣的名稱，而不是形狀或顏色。

　　注釋中的應劭此人是後漢時代出生「少篤學博覽。拜泰山太守，連破黃巾，郡內以安。獻帝遷都於許，詔劭爲袁紹軍謀校尉。時舊章湮沒，書記罕存，劭綴集所聞，著漢官儀及禮儀故事；又撰風俗通，以辨物類名號，釋時俗嫌疑……」。

　　可見應劭是位篤實的考證學者，他很科學的實地考證各地風俗，來驗證《食貨志》上的注釋，決不是閉門造車，想當然耳。他說的「子紺」「紫紺」，應當是當時人們對武帝的「當五」五銖的稱呼。

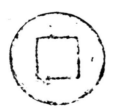

赤仄五銖
徑：24mm
重：4.2g

漢銅器圖紋，也有放射狀光
芒，這是當時人們喜愛的圖
案，視為吉祥、光明。

漢代連弧紋銅鏡，外沿有一圈
放射狀光芒圖案。

西漢五銖的分類：

「三銖」 （B.C.119）

西元前119年（元狩四年）冬下令銷半兩錢更鑄三銖。

21.5mm　2.6g　　　　　　　　　　21mm　1.4g

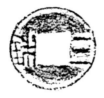  

22mm　2.1g　　　　　　　　　　21mm　1.2g

20mm　1.9g

「郡國五銖」（B.C.118）

西元前118年（元狩五年）春三月罷三銖更鑄五銖。

當時因郡國共鑄，也稱「郡國五銖」錢背增加輪廓，以防止百姓磨背取銅屑；因當時是各郡國分鑄，在製范和鑄錢工藝上，難免良莠不一，形制雜亂。

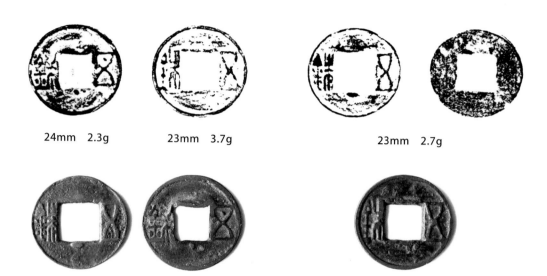

24mm　2.3g　　　23mm　3.7g　　　　　23mm　2.7g

「赤側五銖」（B.C.115）

西元前115年（元鼎二年）命京師鑄赤仄錢，以一當五。

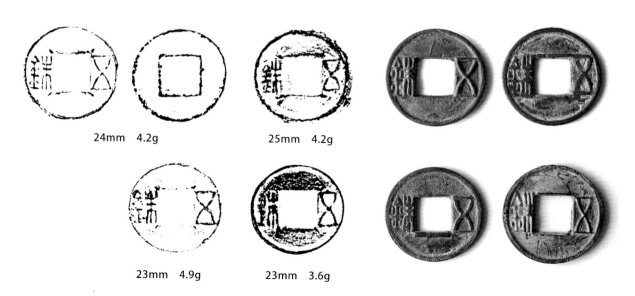

24mm　4.2g　　　25mm　4.2g

23mm　4.9g　　　23mm　3.6g

「上林五銖」〔B.C.113〕

　　西元前 113 年（元鼎四年）終於將鑄錢的權力全收歸中央，命郡國回收舊錢銷毀，由三官統一鑄造。

　　這時的五銖錢形制規矩，重量標準，鑄造精美，且以一當一，私人仿鑄費銅花工，又無利可圖，於是盜鑄絕跡。

　　從建章宮遺址夯土台所出土的母范錢模來看，其造形精美、文字峻秀，模徑、穿口統一，也都有上橫畫，而且范頭上刻有「巧一」「巧二」等字樣；建章宮的營建時間，恰巧也是標準上林三官五銖錢的鑄造時期。（黨順民《陝西金融》1989，增刊）

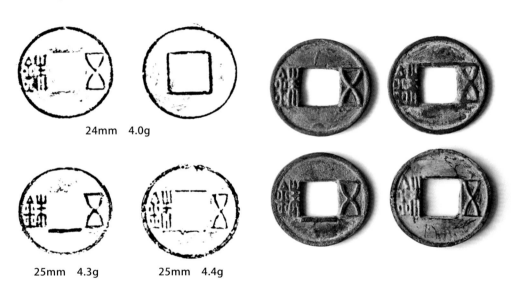

24mm　4.0g

25mm　4.3g　　　　25mm　4.4g

24mm　4.4g

「宣帝五銖」〔B.C.144〕

武帝崩殂，昭帝繼位，以及以後的宣帝，一般稱「宣帝五銖」。
宣帝五銖是較易分辨的版式，其文字纖細嚴整，五字交筆向內收而彎
曲，呈對等炮彈形；周廓較寬，外廓呈外高內低的坡形。

西安相家巷出土的母范有：本始、地節、元康、神爵、五鳳年號；
五銖錢模上有上橫畫、下半星等記號，這些紀年號及紀星文的范都是
宣帝時期的錢模。

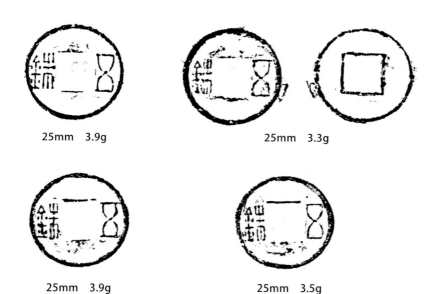

25mm　3.9g　　　　　　　25mm　3.3g

25mm　3.9g　　　　　25mm　3.5g

小半兩？
小五銖？戈幣？
磬幣？魚幣？

小半兩？小五銖？
戈幣？磬幣？魚幣？

　　小五銖見於西漢中、晚期，直徑 1 ～ 1.2 厘米，重 0.5 ～ 0.8 克，製作精整。由於這種小五銖不見於漢代文獻，故對其用途也眾說不一；有的學者認為它是漢武帝時期發行的赤仄五銖；有的學者則認為是作為輔幣流通；還有學者根據宣帝杜陵陪葬坑中出土的小五銖推測其用途，「是為了陪葬，而不是流通。而且可能是皇室特鑄的隨葬品」。筆者傾向於後一種觀點，並擬就這一問題作進一步探討：

　　這幾十年以來，發掘出土的小五銖有數千枚，還有一些錢范。目前已確知時代最早的小五銖為宣帝杜陵陪葬坑中所出，最晚的見於新莽時期的墓中，這說明西漢末年仍在鑄造小五銖；因此，小五銖的鑄造時代雖然早到漢武帝時期，但它決不會是赤仄五銖，因為赤仄五銖僅鑄行三年左右便廢止了，它不可能被隨葬於西漢晚期及新莽的墓中。

　　小五銖也不會是輔幣，漢代文獻對於西漢幣制的改革始末，記載很詳備，如果小五銖作為新的一種貨幣形式出現，史書不會疏而不載的；其次，小五銖的錢文與實重不符，它的重量僅有普通五銖錢的五分之一，也就是相當於漢代的一銖。

18mm　0.6g　　5mm　0.02g

（殉用半兩）

但目前各地已發掘的許多漢墓中，所見的五銖錢不可勝數，而小五銖僅數千枚，比例相當懸殊。這表明小五銖並未成貨幣；還有一個值得注意的現象，就是目前所出土的小五銖都製作精緻，鑄文清晰，未見有使用磨耗的痕跡。這也說明它未進入貨幣流通過程。

小五銖既非貨幣，而又出自墓葬或陪葬坑中，它的用途只能是專用於隨葬的明器。從宣帝杜陵陪葬坑中小五銖的位置來看，它繫於陶俑的腰間，屬俑隨身攜帶之物；其他陪葬坑中所埋器物大多數為小型明器，其特點是按實物的一定比例縮小，如陶俑高近 60 厘米，為人實際身高的三分之一，而小五銖直徑 1.2 厘米，約普通五銖的二分之一；另外、在景帝陽陵陪葬坑中也出土有大量銅、鐵明器及陶俑，它們均按與實物的比例約：1/3 相對縮小。陶俑身上佩帶有小半兩，這種小半兩，製作工整，鑄字清晰，直徑 1 厘米，為前所未見，其用途亦同於小五銖。

西漢少府屬官東園匠「主作陵內器物」，陵內之器指所有送葬器物，陪葬坑中的明器亦包括在內，所以，小五銖是東園匠專鑄的冥幣。

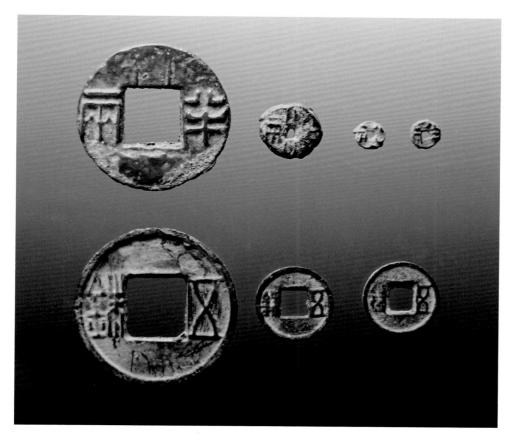

左：正式行用錢。右：殉葬用小錢。

秦俑約一般人的身高 180 厘米上下，所以它的陪葬物也無需再特別製作；出土的兵器、半兩錢等也都和生前使用大小一致。一直到兩漢時，陪葬俑縮小到 60 厘米上下，縮小比例是三分之一，所以陪葬用的配件兵器如：弩、戟、刀劍等也相對的縮小至三分之一，這樣的縮小才能完全和人俑搭配。依戰場上實際使用的戈戟長約 22 厘米，陪葬用的戈戟只有 8 厘米；實用的弩機長約 19 厘米，陪葬用弩機只有 6 厘米而已。這些小半兩、小五銖、小戈戟、小弩機等，都是為了陪葬而製作的冥器，所以「小半兩」「小五銖」「小戈戟」等都不是兩漢時期的行用幣，而是陪葬用品。

漢俑高約 60 厘米，是秦俑的三分之一而已。

▲ 左：陪葬用弩機。右：實用弩機。。

➤ 左：陪葬用戈。右：實用戈。

磬幣？魚幣？

　　磬幣、魚幣等也不是當時的行用幣；而是馬車車具，是車衡上的一種飾物，名：「飾枼」。三十年代在北京房山縣琉璃河的西周一號墓車馬坑中，陝西西安附近的張家坡發掘出西周車馬坑，以及 1986 年河南平頂山市西 20 公里薛庄鄉西南的滍陽岭上，也出土了應國大墓（應國是商、周時期一個小諸侯），出土的車馬坑，經復原後，都發現有類似磬、橋、魚、鳥、蠶等小銅飾品。可見商、周時馬車主人會在「飾枼」上掛置一些銅磬片或橋狀銅片或銅管，下繫三四排串好的貝殼，貝飾下再掛上魚、鳥、蠶等裝飾，當馬車跑動時，這些裝飾物就會閃閃發光，鐺鐺作響，好不威風，這是當代一種風尚流行。

車馬坑：
在北京 房山縣 琉璃河 西周一號墓的車馬坑中，在戰車前發現有四頭馬的遺骸，可知西周時代的戰爭，以車戰為主力，而戰車主要是靠馬來牽引。所以馬的管理在西周時極受重視。

西周的車馬坑：
在西安附近的張家坡發現西周時期的車馬坑，其中除了戰車及馬的遺骸外，還在馬的頭骨上發現很多青銅製的裝飾物。

馬頭骨和用具：
張家坡的車馬坑中，發現在馬的頭骨上附有青銅製圓形的裝飾物。可見西周時期，對馬的管理與使用，已有很周密的計劃，而對馬的裝飾，表現西周人喜愛馬匹的一面。

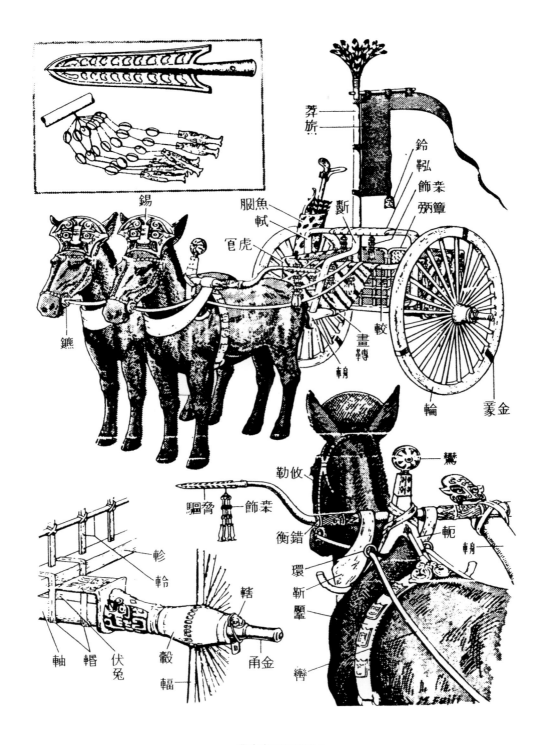

馬車車具的結構圖

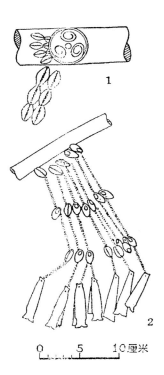

應國大墓第二號車馬坑車衡
上的裝飾

1. 衡上的裝飾

2. 車衡兩端銅予下面垂著的
飾物。

(《中州錢幣》「金融理論
與實踐」錢幣專輯七，64頁)

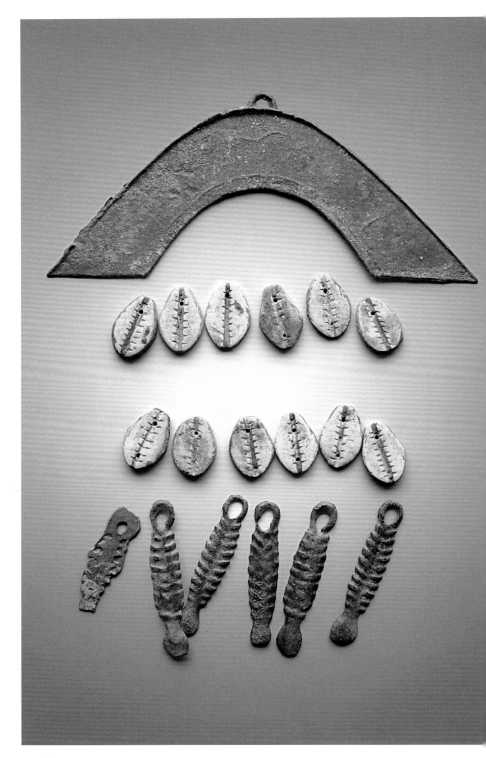

（以實物重新組合）

從實際的考古資料來研究，可知商、周時期的車馬坑中，都有這些飾物。近年來因有部份的「磬」「橋」等銅飾品，成一綑一紮的樣式出土，於是就有人認為這是貨幣，這是錯誤的推論；鑄製銅飾的工廠同時鑄製許多馬車零件，當然是一次同時鑄造一定數量，不可能一個一個的鑄造，這是必然的。所以現在所說的「磬幣」「橋幣」「魚幣」都和錢幣無關。

（古方《中國錢幣》1992.2）（1982～1983年西漢杜陵的考古工作收獲《文物》第10期）《中州錢幣》錢幣專輯（七）。《漢陽陵》重慶出版社。

四朱琺碼錢

「四朱」琺碼錢

　　「四朱」「三朱」方形、圓形琺碼錢的出現，在清道光年間濰縣陳壽卿即獲在當地附近出土之圓形穿四朱及方形圓穿之「陽丘」「臨菑」等四朱。根據馬定祥批注《歷代古錢圖說》云：「此類方、圓之三朱、四朱，應是戰國至西漢時地方性物，以張叔馴及方藥雨所藏爲最多。」對此蔡養吾持懷疑？故云：「其稱戰國者，恐即齊地出土之原因歟？」又云：「此種琺碼也有三朱者，可推四朱者用於權衡文帝時之四銖半兩。三朱者用諸於武帝時之『三銖』錢，故所見頗少，但此種琺碼錢，其使用期當在西漢文、景、武三帝時期。」對兩位泉學前輩論點，我個人比較認同蔡養吾的看法，原因如下：

一、以時代來說：

　　兩漢的銅錢只有三種：「半兩」、「三銖」、「五銖」。所以這類三朱、四朱的鑄造時間上限不會超過西漢初（西元前 206 ～ 185 年左右）；下限則不逾唐武德四年（621 年）廢五銖，行「開元通寶」之時。那麼就有兩種可能出現，一、是西漢初年，二、是魏晉至唐立國這段時期。魏三國時，行虛值大錢，如蜀的「直百五銖」，吳的「大泉二千」等，不可能還用三朱、四朱這類權秤。南北朝時有「孝建四銖」「四銖」等鑄幣，但它是由官方所鑄，不需這類小琺碼來秤衡。錢文書法也大不相同；劉宋立國在江南，和齊地相去甚遠，也從未聽說過有這類三朱、四朱琺碼錢出土報告，所以我認爲最有可能的，就是西漢初所使用的。

二、以鑄幣背景來說：

西漢初行半兩錢，這時的半兩錢早已因減重而成了名不實的「半兩」，半兩應當是5.6克上下才對，這時的半兩錢只剩下二、三克而已。孝惠帝二年呂后改鑄「八銖半兩」（重6公克），但仍然無防止減重的趨勢，又在雉六年更鑄「五分錢」（2克），介乎於八銖半兩及莢錢之間的半兩錢。文帝恆五年更鑄四銖錢，錢文乃為「半兩」，重2.7克，四銖半兩用了五十多年，至漢武帝建元元年春，行「三銖」錢，元狩四年（西元前118年）春三月罷三銖更鑄五銖。

所以在元狩五年之前，對錢幣的重量，是一個摸索時代；又因漢初貨幣政策允許百姓鑄錢，所以有「吳、鄧錢布天下」。當時為求證四銖半兩之輕重是否合於標準，於是鑄出一種小琺碼，圓、方形上刻「三朱」「四朱」，中有圓孔或上端加鈕，以便於繫繩於天平之一端。（圖1）但也有貴族豪門，因錢數進出較頻繁而自製琺碼，加上「東阿」「下蔡」「臨淄」等地名。（圖2）

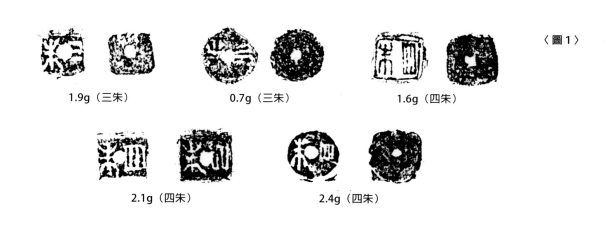

〈圖1〉

1.9g（三朱）　　　　0.7g（三朱）　　　　1.6g（四朱）

2.1g（四朱）　　　　2.4g（四朱）

〈圖2〉

3.0g（東阿四朱）　　　4.1g（下蔡四朱）　　　3.7g（臨朐四朱）

三、依面文來說：

這些琺碼上的面文，除了「三朱」「四朱」外，另有加鑄加刻地名者，這些地名我們整理出來，它都是漢立國後，行郡縣制後的地名，依實物來看大抵在舊齊、魯地一帶，就是山東、兩淮北部一帶。

淳于
古淳于國，漢置淳于縣。
今山東　安丘縣。

2.7g（淳于四朱）

䣜
漢置䣜丘縣。
今安徽　宿縣東北六十里處。

3.4g（䣜四朱）

東阿
春秋　齊　柯邑，漢置東阿縣。
今山東　東阿縣，產「阿膠」聞名全國。

2.9g（東阿四朱）

陳
古陳國，漢置陳縣。
今安徽　太湖縣東四十四里處。

1.4g（陳四朱）

下蔡
春秋　州來邑。《左傳》「哀公二年，蔡昭侯自新蔡遷于州來。謂之下蔡。」漢置縣。
今安徽　鳳臺縣。

4.1g（下蔡四朱）

丞相

丞相始置於戰國，西漢宗室諸王皆置此屬官，視同家臣，掌豪族收支雜事，其陰刻官名於砝碼，亦合理。

1.7g（（丞相四朱）

騶

春秋時邾國。魯穆公時改爲騶。
漢置騶縣。
今山東　騶縣東南二十六里處。

1.1g（騶四朱）

臨朐

戰國時齊之朐邑。漢置臨朐縣。
今山東　臨朐縣。

3.7g（臨朐四朱）

定襄

東漢置屬定襄郡。
故城在今山西　大同縣西北二十八里處。

2.7g（定襄四朱）

安平

《史記·田單傳》「田單走安平。」
漢置東安平縣。
今山東　臨淄東十里處。

2.7g（安平四朱）

陽丘

漢侯國，後爲縣。
今山東　章丘縣東南十五里處。

1.6g（陽丘四朱）

從上述半兩、三銖、五銖實物來看，可知當時鑄錢重量標準很難拿捏正確，這和鑄幣工藝技術有關，不能和當今機器鑄幣技術相比，更何況從漢立國任由郡國民間自行鑄幣到武帝將鑄幣收歸國有，時間長達近百年。一再變更錢幣的重量結果，勢必秤錢的琺碼也跟著改變。從本人手中三枚「東阿四朱」為例，三枚重量也不相同。「四朱」「三朱」也是如此。

3.8g（東阿四朱）   3.0g（東阿四朱）   2.9g（東阿四朱）

當郡國行五銖時，也是將五銖錢上加鑄個「平」字作為琺碼，以便控制重量，這些平字五銖有被穿鑿一小孔以利懸秤。

 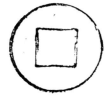  

24mm　3.0g（平字五銖）   3.1g（下平．權錢）

3.1g（平當五銖）

以上「三朱」「四朱」「平字五銖」這些圓形、方型銅鑄琺碼，經考證資料及實物對照，應當有充分理由說它是漢初舊齊、魯一帶，由郡縣地方所鑄的，目的是為了控制鑄幣重量。

CHAPTER 5

王莽篡位及幣制改革

王莽篡位及幣制改革

　　西漢末年皇帝多半在幼年即位，朝廷大權旁落在母后的外戚兄弟手中，朝野皆為外戚勢力所控制。自成帝以降，政權落外戚王氏之手，王莽於西漢成帝時任大司馬，掌朝政，選賢任能，謙恭下士，博得時譽。

　　平帝在位五年死後，王莽選兩歲的孺子嬰為皇帝，仿周公輔成王故事，自稱「攝皇帝」（攝是協助之意）過了三年，又自稱為「假皇帝」（假是代理之意），不久，王莽就自己製造的「真命天子」誕生的觀念（如：武功縣發現石碑，內有「告安漢公為皇帝」字）（又如：有人在漢高祖廟中發現策書，說王莽是真命天子、應得帝位……等），登上帝位，並改國號：新。

　　王莽即位後實行改革，一、土地國有，實行井田。二、禁販奴婢。三、推廣國營事業，實行「六筦」政策。四、廢除五銖錢，另定新幣。

　　王莽改革，理想甚高，惟乏詳細計劃，政令繁複，人民無所適從。其社會經濟的改革，不僅遭豪強地主商賈反對，一般人民亦未蒙利，反受其害；加以王莽廢除五銖錢，導致貨幣混亂；降低四夷君主地位，導致對外戰爭，勞民傷財，終於引發內亂，使新朝傾覆。

幣制改革：

　　原因，自漢武帝行三官五銖後，國家幣制始歸穩定統一。後來因工商業逐漸復興，它不僅深深地影響到農業，而且商人往往利用剩餘的資本，投資到購買土地上去，因而助長了土地的兼併。當時人認為這種現象，完全是商人利用貨幣，

以從事交易所造成的惡果，所以成帝時，貢禹倡議廢幣以重農。哀帝時，也有人上書請求改幣。所謂：「古者以龜貝為貨，今以錢易之，民以故貧，宜可改幣。」至此，信古又一意想復古的王莽承繼了這種看法。

● 第一次改革：

居攝二年（西元 7 年）當時還用五銖，另外鑄造三種大錢。一是、圓錢「大泉五十」重十二銖，值「五銖」五十枚；二是、「契刀五百」每枚值「五銖」五百枚；三是、「一刀平五千」，其中「一刀」二字用黃金嵌錯，俗稱「金錯刀」，每枚值「五銖」五千枚。

大泉五十：（A.D.7）

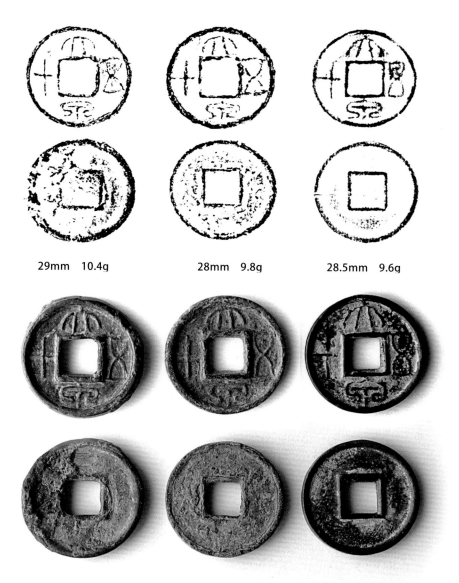

29mm 10.4g   28mm 9.8g   28.5mm 9.6g

契刀五百、一刀平五千 ：（A.D.7）

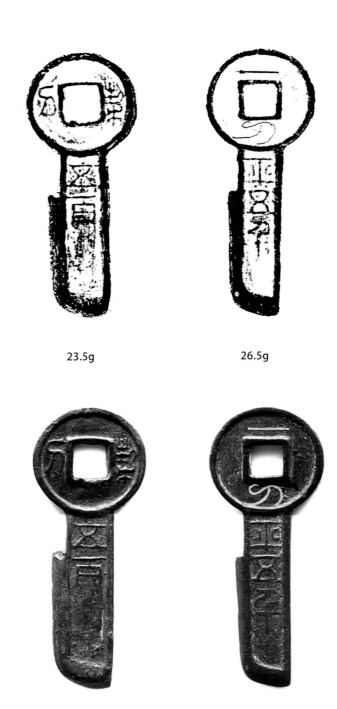

23.5g   26.5g

● 第二次改革：

始建國元年（西元9年）以後，因爲忌諱「劉」字中包含有金、
刀等部首；於是廢止刀錢，連五銖也不用，專用小泉。大泉
仍以一當五十，小泉錢文爲「小泉直一」重一銖，值一。

小泉直一：（A.D.9）

14.5mm　1.3g

小泉直一錢范

● 第三次改革：

　　始建國二年（西元 10 年）王莽幣制改革中最奇特的一次，行「寶貨制」：共五物，六名二十八品。五物指金、銀、銅、龜、貝五等幣材；六名二十八品指泉貨六品、貝貨五品、布貨十品、龜寶四品、銀貨二品、以及黃金。

　　這樣一種繁瑣的幣制，尤其用龜貝等物製成新幣，更是開倒車的做法，造成混亂，所以人民只用「小泉」和舊五銖。王莽強迫人民使用，頓時農商失業，犯罪者累累。

泉貨六品：（A.D.10）

15.5mm　1.7g
（小泉直一）

16mm　1.5g
（么泉一十）

18.5mm　2.7g
（幼泉二十）

21.5mm　2.1g
（中泉三十）

23.5mm　2.7g
（壯泉四十）

28.5mm　9.6g
（大泉五十）

布貨十品：（A.D.10）

　　「布貨十品」的形制同先秦的布幣也不一樣，像楚布「杭比堂圻」和「四比當圻」。名稱也很古怪，例如：四百面額的布幣《漢書·食貨志》作「厚布」，幣面文字像是「序」字，現在一般叫「序布四百」；大布不作直千，而作「黃千」，「黃」是「橫」或「衡」的意思。幣面上的數字不是用普通數字，而是用一種號碼數字或商用數字，

〈正面〉

（有穿）　　　　　　　　　　　　　　　　（無穿）

例如「中布六百」的六字作「T」，「壯布七百」的七字
作「TT」；莽布上的數字是完整的一套，這種號碼數字大
概同籌算學有關係，籌算是算盤發明以前的計算方法。

　　幣面值「小布一百」是指值一百文，「么布二百」值
二百文⋯⋯「大布黃千」值一千文。

　　幣面上端有一圓孔，正中一豎直線，有上貫通至頂部
及無貫通者兩種版式，俗稱：「有穿」、「無穿」各成一套。

〈反面〉

（有穿）　　　　　　　　　　　　　　（無穿）

十布（無穿）

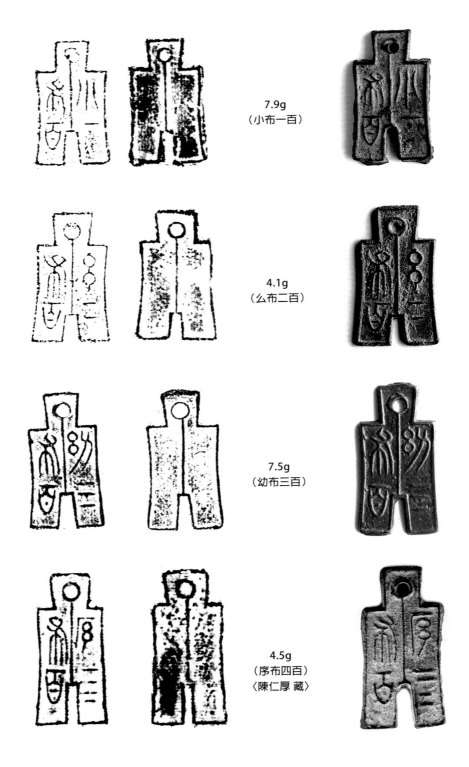

7.9g
（小布一百）

4.1g
（么布二百）

7.5g
（幼布三百）

4.5g
（序布四百）
〈陳仁厚 藏〉

6.3g
（差布五百）

7.4g
（中布六百）

6.8g
（壯布七百）

6.6
（第布八百）

 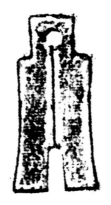 

7.8g
（次布九百）

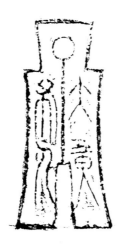  

15.9g
（大布黃千）

● 第四次改革：

　　天鳳元年（西元14年）廢大、小泉，改採「貨布」「貨泉」兩種。「貨布」重二十五銖，值二十五；「貨泉」重五銖值一。不久新朝便亡了。（亡於西元24年）

貨布：（A.D.14）

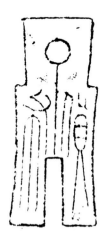

17.1g

貨泉：（A.D.14）

　　林林總總的貨泉，原因為紀范、為紀數……等。也有偷工減料而形成減筆、剪邊、輕小者等。也有鉛、鐵等材質。更有壯碩的「餅錢」；餅錢的形成是為了偷工，當貨幣體制混亂時，虛值幣橫行，交易中誰都不願吃虧，就會回到原始方法「用秤的」，以秤計重，不以枚計。所以就一次鑄個五倍、十倍重的「貨泉」，即省工也可牟利。

22mm　3.6g

21mm　2.8g（合面）

21mm　3.2g（合面90°）

22mm　3.4g（合背）

24mm　6.2g（合面）

18mm　1.8g（異文）

21mm　1.8g（剪邊）　　　13.5mm　0.6g　10mm　0.28g
　　　　　　　　　　　　　　　　（榆莢）

29mm　19.5g（厚肉錢）

28mm　21.1g（無穿）

39.7g（連錢）

25mm　11.3g（面四決）　　　　　22mm　6.9g（厚肉錢）

26mm　8.0g（鐵錢）

布泉：

　　它是被貨幣史遺漏的一枚銅幣，不論從形制、徑重、材質、面文書法等等。它道道地地是新莽時期的銅錢，和官鑄的貨泉一模一樣而且精美，並也無出現減重薄小的現象，也有相當數量的實物出土。為何不見文獻記載？

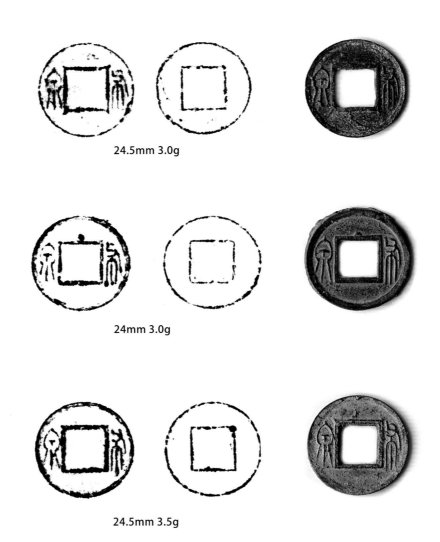

24.5mm 3.0g

24mm 3.0g

24.5mm 3.5g

國寶金匱：

　　青銅質，錢由上下兩部份組成，上部為圓形方孔，有內外輪廓，面文篆書「國寶金匱」。下部方形分三等份豎排，中間書「直萬」兩字，重41.6克。此錢最早由劉喜海記錄於《古泉匯考》中：「道光戊申冬日，鮑子年孝廉自青門寄一拓本，文曰：國寶「金匱」，篆書，甚遒勁，亦當是漢魏六朝之別品，云陝西近時出土者……。」民國時期亦有余大雄、張回翁、張叔馴、張綱伯、陳仁濤等收藏家都曾著墨立論，出土地都指向西安未央宮舊址一帶。可惜並非考古一手資料，所以眾家討論質疑難免。

中國國家博物館 藏

上圖：從白帝山山頂遠眺後山谷莊園。　下圖：瞿塘峽口，公孫述曾在此處設防。

方貝貨泉的讖語：

方貝貨泉，因錢文中之「貝」字作長方形而得名，四十年代古錢學家羅伯昭先生如此稱之，至今延用。迄今，這種方貝貨泉發現的不多，和常見的貨泉有明顯不同，也不是貨泉的異版或錯鑄；其鑄行當自有原因，它可能是新莽末年政治鬥爭下的產物。

據《後漢書·光武紀》：「及王莽篡位，忌劉氏，以錢文有金刀，故改爲貨泉。或以爲貨泉字文爲白水眞人。後望氣者蘇伯阿爲王莽使至南陽，遙望見舂陵郭，曰：氣佳哉，郁郁蔥蔥然……初道士西門君惠、李守等亦云劉秀當爲天子，其王者受命，信有符乎，不然，何以能乘時龍而御天哉！」范曄此處所記，必有所本，惜其簡略，今已不得其詳。

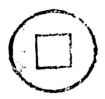

21.5mm　1.8g

《後漢書・李通傳》也有類似記載，最初勸說劉秀起兵者李通之父李守「初事劉歆，好星曆讖記……莽末百姓愁怨，通素聞守說讖云：劉氏復興，李氏爲輔，私常懷之。」據上述記載，在王莽後期，劉氏將復興爲天子之說已經傳佈。其「白水眞人」之說的要義爲貨泉之「泉」字，爲「白水」兩字組成；「貨」字左旁爲「人」字，右旁「眞」字，兩字合起來爲「白水眞人」。說文：「眞，仙人變形而登天也！」。劉秀家族居南陽春陵白水鄉，所以「白水眞人」讖語象徵「劉氏復興」，當爲天子；王莽本來就非常迷信讖緯圖說，在他與劉氏集團激烈的政治鬥爭中，白水眞人之說自然是他最大的一塊心病。既然前此忌劉氏，因五銖，一刀平五千，契刀五百等錢文有金刀而改鑄新幣「貨泉」，聞「白水眞人」之說，而欲廢棄「貨泉」自不奇怪；在此之前，三次改變了幣制，每一次都遭到了百姓的強烈反對。正基於這樣的經驗教訓，王莽不會立即停止貨泉流通改鑄新鑄，而採用了暗中改鑄貨泉一策。

　　新幣「方貝貨泉」，其「貨」字左旁作「丅」，右旁作「頁」，按說文，「丅」底也，指事，其爲底下之意；「頁」頭也，其轉意即指人。因此「丅」「頁」之意合起來爲「最下層之人」，有輕賤之意，於是方貝貨泉字文之意與「白水眞人」正好相反，爲「白水賤人」。將此以壓劉氏當爲天子之讖，這樣的伎倆雖然滑稽可笑，卻也是煞費心機。(李炳震　湘潭發現方貝貨泉《陝西金融》1994.增刊　)

大泉五十
的研究

大泉五十
的研究

「大泉五十」初鑄行於王莽居攝二年（西元 7 年）終於地皇六年（20 年），是王莽新朝通行貨幣中流通時間最長，對王莽政治經濟影響最深的貨幣，也是王莽貨幣中鑄量最多的貨幣。

《漢書‧食貨志》載：大泉五十「徑寸二分，重十二銖」。按曲阜孔氏所藏漢建初六年（81 年）造銅尺（長22.9 厘米）及西安漢城遺址附近發現的漢代刻有重量的銅錠貨依據折算（1 銖約合 0.68 克），標準的王莽大泉五十應該徑 2.75 厘米，重 8.17 克。

所見很多重量在 8 克左右的大泉五十其內郭較寬，字體渾圓，「大」字第一筆呈半圓形，其錢背與「契刀五百」柄一致。這類大泉五十應該是王莽第一次幣制改革鑄造發行的流通貨幣，也就是大泉五十的初鑄之品。

大泉五十初期鑄品（第一期錢）：

29mm　10.4g　　　　　28mm　9.8g

大泉五十由於在新莽錢幣中各個時期均有使用，若要仔細分段，實在有困難。《漢書》記載，新莽攝居二年（西元 7 年）至天鳳元年（14 年），變了四次幣制，平均二年一次，還加上史無記載的一次；而且每次改變，就廢除前次的幣制，結果是越改越亂。經濟不穩，人心浮動，這也是新莽政權短命的原因之一。那麼大泉五十中期後的鑄品如何區分呢？只能根據新莽鑄幣日趨減重的情況來分類，以錢徑及錢重作分界點。日本收藏家今村啓一的《王莽泉譜》一書中將大泉五十分成五個時期：

「第一期錢」錢徑在 27.0mm 以上，重量在 7.5g 以上者為初期，又稱：第一期錢。

「第二期錢」錢徑在 27.0mm 以上，但重量在 7.5g 以下者，歸類為第二期錢。

「第三期錢」錢徑在 26.0mm 以上，但未達 27mm 者，重量也未達 7.5g 者，視為第三期錢。

「第四期錢」錢徑在 23mm 以上，但未達 26mm，重量則變化太大，難以圈定。

「第五期錢」錢徑在 23.0mm 以下，比「貨泉」小、輕者，則定為第五期錢。

這五期分類法，除了第一期錢有史料記載，爭論較少；其他在還沒有更確實數據可依時，不妨以此作為王莽大泉五十銅錢的分類方法。（參閱：王泰初《陝西金融》1996.3）

28.5mm　7.2g
（第二期錢）

27mm　7.1g
（第三期錢）

26mm　4.6g
（第四期錢）

22mm　1.8g
（第五期錢）

18mm　0.5g
「可能不是官鑄」

大泉五十鑄造工藝的探討：

新莽時期的鑄幣，已經進步到使用「合范法」和「疊范法」兩種冶鑄技術來鑄造銅幣；尤其是後者「疊范法」成功的運用，使得鑄幣成本減低，耗損少，量卻大增。

●「合范法」：

在先秦時期的鑄幣，都使用「即山式」方法鑄幣，「即山」之義，是指隨著銅礦開採地，就地鑄幣，目的是可以減少笨重銅礦的搬運成本；當時鑄幣由原始單一的面范，夾上一塊平板石件，合范澆鑄而成，這種銅幣在西邊的秦國「半兩」錢，最俱代表；它只有「半兩」二字為面文，背文無字而平，稱：「平背」。這些半兩錢，面范以銅范、石范及泥范為主，尤其泥范一次用畢即丟棄，也使得秦半兩錢幾乎是個個不同版式；這種原始的鑄幣方法不久就被面、背兩范合模的方式所取代。合范的鑄幣，源自商、周時期青銅器蓬勃的發展；兩片以上的合范澆鑄技術已經不是問題，此時不論刀、布、鈵布等銅幣，都已經使用合范法來鑄幣，空首布更是用三個范模來鑄造。合范鑄幣不僅使錢幣的質、量提昇，面、背皆可書上文字也可加上外輪和內郭；布幣又在面、背上添加豎紋，這樣更可加

(圖1)
漢代畫像中伏羲
手持圓規。

強錢幣本身的抗壓，保護錢幣在使用過程中，不容易折損，這是合范鑄錢的
好處，也是冶鑄技術再邁進一步了。

合范中的面范製作過程是：

一、先取好木材或石材等容易篆刻的材料，雕刻出「大泉五十」的錢型。秩
　　序是先用圓規（圖1）量出直徑，在圓規一端固定上刀刃，作一360°的
　　旋轉刻劃（圖2之1）。

二、刻上方型內郭（圖2之2）。

三、開始刻上「大泉五十」四個字（圖2之3）。

（圖2之2）

（圖2之1）

（圖2之3）

四、再計算要刻製幾枚，一般是左右各一排或兩排，也有更多的；爾後，再刻出中間的注口及錢間的支流口，以及最外側兩道排氣孔（也有無此刻置的），最後刻出凸凹榫。

刻好的原始面范（陰文）為模，用細緻的陶土壓模成范，在空留處或背面上，加刻些范紀、年號、日期、吉祥語等。

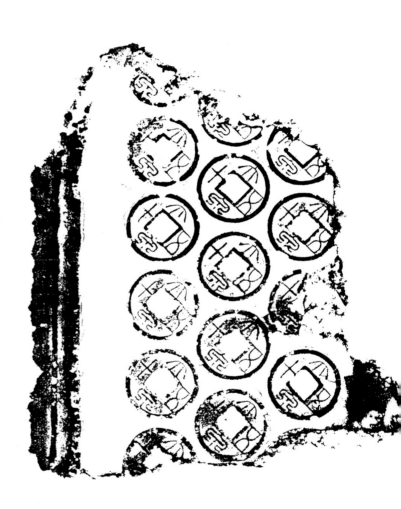

◀（圖3）好漢廟遺址
▲（圖4）「陶祖范拓圖」

燒製完成的陶范（陽文），我們稱它爲：「祖范」；這些祖范實物近年來大量出土於陝西西安市近郊，漢長安城故址西南地，好漢廟一帶（圖3）（圖4）。再由這陶「祖范」翻鑄成銅范，這個銅范（陰文）稱：「母范」，就是要鑄錢用的面范了（圖5）。

（圖5）
「銅母范」

背笵的製作就簡單多了，用泥砂混合（上層爲薄層細緻的白泥，像一層塗料，稱「豆漿土」，是稻糠灰，中層爲陶泥，底層爲砂性較粗的砂泥或木屑稻芒）。這是很科學的混合方法，貼近錢背的細泥會使錢背表面砂孔細膩，中層陶土利於捏塑，底層砂泥用以吸收因銅汁注入時所形成的高溫和高壓，這是何等的智慧呢？（圖6）（圖7）

　　燒成素胚後，再用筆、墨、尺等量畫出錢徑的大小及排列組合等問題，配合面笵，雕刻出許多背笵來備用。究竟銅鑄面笵還是耐用，素胚背笵容易斷碎；所以我們在遺址現場看到成堆成丘的陶背笵，很難見到個一完整的。

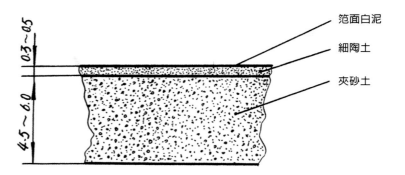

（圖6）
大泉五十背笵剖面示意圖

範面白泥
細陶土
夾砂土

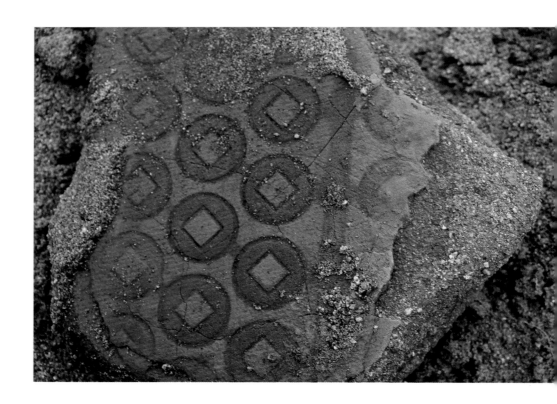

（圖7）

這裡有人對面范用銅，背范用素胚，有點疑問？其實若親自到還遵行古法冶鑄銅器工場暸解作業狀況，即可相信此法可行。2005 年／2《中國錢幣》18 頁「漢代銅范鑄錢工藝模擬實驗」，成功的鑄出五銖錢。

　　銅溶點在一千度左右，鉛、錫二、三百度而已，當銅汁要注入范模裡時，銅、陶合范的模具勢必要先預熱，否則會因高溫的銅汁注入低溫的范模，造成炸模的危險狀況；范模預熱溫度當然不可能和銅汁相同，在不同溫度下，相同的物質要相溶是不可能的，所以，銅汁是不會和銅范黏在一起的。

　　從出土的實物來佐証，在出土的銅范表面上都會有些殘留黑色塗料，這應當是分離銅幣和銅范的媒介物。另外，1979 年 9 月 24 日，陝西省澄縣坡頭村農民在村外東北一帶取土時，發現西漢五銖錢銅范 41 件。1980 年 10 月 14 日至 11 月 3 日經陝西省文物管理委員會和澄城縣文化館聯合發掘，發現一座烘范窯，三座燒陶窯；還發現有煉銅用的鐵鍋一件，徑 52 公分，沿厚 9 公分，鍋厚 1 公分，內塗厚 0.5 公分細砂紅膠泥耐火材料，鍋一邊有喇叭形流槽。尚發現有卡鉗等工具，在烘窯門口發現有大量木炭灰和小塊木炭。在出土中有幾套銅面范、陶背范、鐵鉗等三件組合的實物（圖 8）（圖 9），這完整的套件，使我們對銅、陶合范的鑄錢技術解開了多年的爭議和疑惑。（參閱：《考古》1982 年 1 期 23 頁）

◀（圖 8）「銅面范和陶背范的組合照片」
▼（圖 9）「放大示意圖」

● 「疊笵法」：

為多層多件澆鑄，由十餘組或數十組泥笵堆積起來合成一筒，外用泥土包紮燒成一個陶甕狀的陶笵，注口上加一圈泥如漏斗（以利銅汁入口），然後再注入銅汁澆鑄，一次可澆鑄數十、數百枚不等。澆好後去其陶土，取出如花傘般錢樹，剪下銅錢磨邊輪及內郭，就完成了。在製作每層薄泥笵的笵形時，要考慮做成圓型、方型、橢圓形等，這型狀樣式的考慮是隨內列鑄幣形式大小、排列而異的。

製作原始笵方式和「合笵法」方式相似，待澆鑄成銅笵後，就和上述合笵法的工序不同了，此時的銅笵不再作為鑄錢的母笵，而且笵面文也變成了陽文了，它是作為壓模用途，壓模後的陶土就是將來要作為鑄錢的笵模。有人稱它為：「子笵」，這很容易讓人搞混，本人不喜歡用這名詞。

這裡我們必須再提示一下，就是用澆鑄法鑄出來的笵、幣，一定會比母笵上的錢徑縮小，經過兩三次反轉燒鑄，如何預留放大？這是不簡單的事，都必須從實地操作中，多次實驗出結果來，否則不易準確。

王莽鑄錢以精絕聞名，而且鑄量龐大，銅母笵不可能用雕刻的方式為之，一定是用陶模燒焙而成了，當時尚無翻砂鑄造的工藝，何況翻砂不如用泥精細，這種陶笵的原料是用黃土高原的黃黏土、紅黏土或沉泥，富有黏性，經過浸水攪拌成泥漿，

（圖 10）「薄泥笵面、背拓圖」

用細麻布過濾，沉下的泥末稱為：「沉泥」，一次又一次過濾，可得非常細膩的沉泥。中國四大名硯的「沉泥硯」即是用此方法得泥，過濾中甚至用到絲布來過濾，這樣的沉泥該有多細呢？

　　銅范完成後，就以銅范為胚胎，製成一個個的薄泥范（圖10）（圖11），修飾陰乾後，把乾硬的素胚以一片面在上，另一片則轉向面朝下的方式，兩片素胚面對面，一組一組的堆積成塔，數目十組或數十組不等，後再用一層泥土把四周圍包裹起來，成一個直筒型，頂端留出澆注口，並用泥土捏出范蓋（防飛灰入范內）（圖12）和漏斗（口大利於銅汁入范內）（圖13），陰乾或烤乾（圖14），移至鑄銅處澆鑄。在大量鑄造時，建窯焙燒陶范和冶鑄銅錢的地方是分開進行的；尤其在注入銅汁時，陶范仍然需要周圍加熱，烘爐中置數個筒狀錢范，或是置於一排一排溝渠狀爐火中，由冶鑄工人將銅汁一一注入范模中，冷卻後打毀泥范取出銅幣，鑄一次就不再用了。

　　這溶銅的坩鍋是用何種材料所製成？史書無記載，不過從

（圖11）「薄泥范實物照片」任拴全攝。

《天工開物・卷八・冶鑄》上所記載：「熔銅之罐以絕細土末（打碎乾土磚沙）和炭末爲之，京爐用牛蹄甲（不知用途？），罐料土居七而炭居三，以炭性暖佐土使易化物也。罐長八寸，口徑二寸五分。罐約載銅鉛十斤，銅先入，然後投鉛洪爐扇合傾小模內。」這裡用絕細的黏土和灰屑製成的坩鍋，是一種耐高溫的坩子土（耐火土），而不是作陶范的一般黃黏土或紅黏土。

漢代也能將熟鐵再滲炭煉成土鋼，這些冶鑄工具鉗、夾等的製作也不困難了。根據安陽殷墟冶銅曾使用木炭。漢代使用木炭，甚至使用石炭是有可能的，從西漢一些冶鐵的遺址中也曾發現了少量石炭。（參閱：韓士元《考古》1965 年 5 期）

（圖 12）「范蓋」

（圖 13）「漏斗」

（圖 14）「筒型疊范照片」

形形色色的版式：

　　大泉五十版式何其多呢？在《昭和泉譜》中有 30 個版式，今村氏《王莽泉譜》有 376 個版式，如今古泉雅集成員賴彥本新著《大泉五十錢譜》更多達六百多個版式。新莽「大泉五十」如此多的版式，是如何形成的呢？除了鑄期長，鑄造使用量大的原因外，另外一個主要因素是鑄造工藝上的問題。這也是我們為什麼要把鑄造大泉五十銅錢的冶鑄方法先談的原因，明瞭鑄錢方法及流程有個清楚概念，再來談形形色色版式的問題，那也就不難了。

一、刻范程序是：先用圓規加刀刃，刻出外輪，這刀刃的形狀不同，就會刻出不用型式的外輪（圖 1）。例如：刀刃是半圓型，就會刻出一般半圓的外輪。若是用扁平口的刀，就會刻出平口形的外輪，研究泉學的人習慣稱此外輪為「闊緣」。用斜口刀刻出的外輪，就會形成「斜邊」。用菱形刀刃刻出的外輪，稱「細邊」。若因刻劃的直徑不足，或不夠清晰，再重旋刻一次，就會形成雙圈的外輪，稱「重輪」。

（重輪）

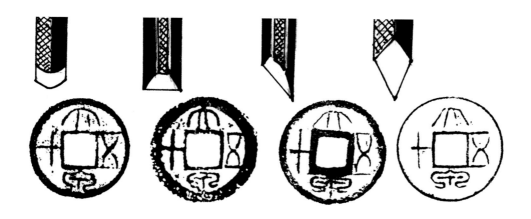

（圖 1）

二、刻面范第二道手續：是刻內郭和穿，這內郭及穿若開的口小，
　　稱「窄穿」（圖2），開的大，稱「廣穿」（圖3）。穿口
　　要方正四方；不留意的話，會刻出上下比較長、左右較短，
　　稱「長穿」（圖4）；反之，也會形成「橫穿」（圖5）現象。
　　四方穿的邊，刻的細，稱「細郭」（圖6），刻的粗，稱「粗
　　郭」（圖7）。

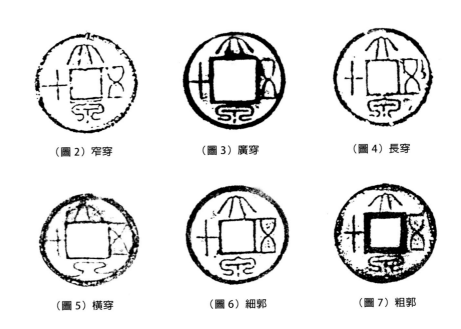

（圖2）窄穿　　　　　（圖3）廣穿　　　　　（圖4）長穿

（圖5）橫穿　　　　　（圖6）細郭　　　　　（圖7）粗郭

三、輪、郭刻完後，要配置文字：先將輪郭餘留下的部份（這部
　　份又稱「錢肉」）劃出四等份（圖8），每個等份各容一個
　　字，「大」「泉」「五」「十」，依序為上、下、右、左。
　　這四個字體如果分配的飽滿，筆劃上接外輪、下接內郭，稱
　　「大字」（圖9）；反之，四個字「大泉五十」都因書寫太小，
　　既不接輪、也不接郭，稱「小字」（圖10）。若四個字離開
　　郭，稱「離郭」（圖11），四個字離開外輪往內聚，稱「離
　　輪」或「寄郭」（圖12）。

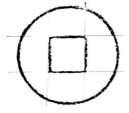

（圖 8）

（圖 9）大字

（圖 10）小字

（圖 11）離郭

（圖 12）寄郭

四、中國篆書字型不是四四方方的，它是上下略長，左右微窄。
　　若要在方正的穿口上佈局，就得先以內穿的四個角，劃出
　　「井」字線來，書寫「大」「泉」二字勢必形成扁寬，「五」
　　「十」二字就會形成瘦長，這是大泉五十的標準篆體規範。
　　那麼「大」字要左右書寫到何種狀況呢？「◠」第一筆圓
弧，左右要到內穿的兩個角，才算標準（圖 13）。「泉」字，以
「白」部份寬至內穿兩個角爲準。「五」字，上下筆和上下穿平行。
「十」字「一」筆，左接外輪、右接內穿，「｜」直筆要上達內
穿橫郭的高度，下至內穿橫郭的底線。

（圖 13）

這樣篆書書法的佈置，就會形成有趣和多樣的變化，例如：「大」一個字寫得超出內穿左右兩個角，其它三個字則標準不變，就形成「大」字突兀，感覺特別大，稱「大字大」（圖14）；若發生在「泉」字，稱「大泉」「扁泉」（圖15）；在「五」字，稱「大五」「長五」（圖16）；在「十」字，稱「大十」「長劃十」（圖17）等。

反之，若單一字體，書寫的不夠寬、不夠長，就形成「小字大」，「小字泉」或「小五」「瘦五」，「小十」「短劃十」（圖18）等一些不對襯、不諧調的面文。

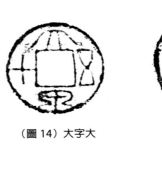

（圖14）大字大　　　　　（圖15）大泉

（圖16）大五　　　　　（圖17）大十

（圖18）

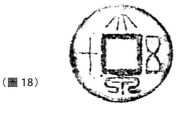

小字大　　　　　　　　小字大泉　　　　　　　　大五小十

「大泉五十」四個字，要在錢面表現得工整美觀，還需要作一個動作，就是在劃出「井」字四塊區域時，在中心點位置，再劃出一條上下左右的「十」字線來（圖19），線的上端，就是「大」字的中心「頭」的位置。線的下端就是「泉」字的「白」部的尖頭，及「水」字中心劃「T」部，成上下一直線，這樣「大」「泉」二字就會上下端正，不偏不倚了。

　　反之，若「大」字刻偏離中心線而傾左，就稱：「斜大」「進大」；傾右稱：「退大」（圖20）。若在「泉」字就統稱：「傾泉」或「歪泉」（圖21）。「五」字中心線，在腰間兩筆彎曲交叉處，左右不正，稱「傾五」「歪五」（22）。

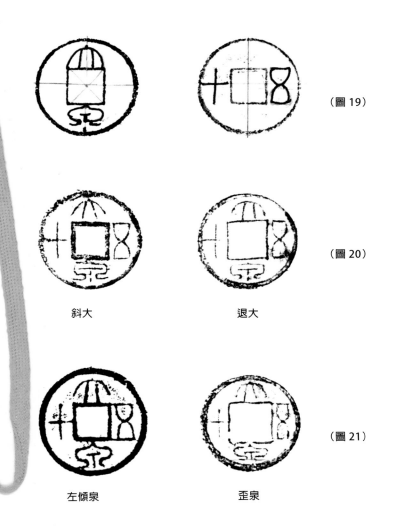

（圖19）

斜大　　　　　　退大
（圖20）

左傾泉　　　　　歪泉
（圖21）

（圖 22）歪五

（圖 23）傾五歪十

（圖 24）肥字

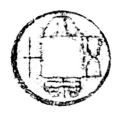

（圖 25）陰起文

　　「十」字「一」橫筆，正好橫在中心點上，偏離後，會有左右傾斜、上昇下降之慮，這又形成了許多版式（圖 23）。

　　這裡所說的版式，是因爲筆法書寫雕刻間的問題所形成了；不是因各地錢監鑄地不同，而產生不同版式，這是我們要聲明的，以免誤導了。若因刻刀的刃尖太鈍，就會刻出寬粗的字劃，稱：「肥字」（圖 24）；刀刃尖利，但刻劃力道不足，形成若隱若現的筆劃，稱：「陰起文」（圖 25）。

書法上的變化：

　　王莽好復古，錢文喜古篆，創「懸針篆」書體。篆體瘦長，字骨纖細如鐵線，又稱：「鐵線篆」，是一種講求字劃上下細長、合理彎曲，左右對丈均等的美麗書法。王莽崇易、八卦，故廟號有：天鳳、地皇；基於「制器尚象」道理，又將《河圖》、《洛書》中的「九宮圖」溶入字體中，《洛書》是一種九進位的數學，歐美國家的算術課本中叫做「三三圖」（圖 26），云「戴九履一，左三右七，二四爲肩，六八爲足」主要的五爲

中數，必須於中心位置。所以「大」字篆書，就按照之九個數字的位置安排（圖27），頭爲〈九〉的位置，左右肩、手〈四、二、三、七〉，雙足〈八、六〉；「泉」字，亦相同佈局（圖28）。「五」「十」都〈五〉數字爲中心點（圖29、30）。《洛書辨》謂「一爲太陽之位，九爲太陽之數，故一與九對；二爲少陰之位，八爲少陰之數故二與八對，三爲少陽之位，七爲少陽之數，故三與七對，四爲太陰之位，六爲太陰之數，故四與六對。是則以《洛書》之數而論《易》，其陰陽之理，奇偶之數，方位之所，若合符節，雖《繫辭》未嘗明言，然即是而推之。瞭如指掌矣。」

若再把大泉五十整個面文放在「九宮圖」上，它仍然是九個區塊（圖31），內穿中心點爲〈五〉的位置。

四	九	二
三	五	七
八	一	六

（圖26）

（圖27）

（圖28）

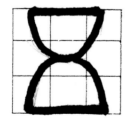

（圖30）

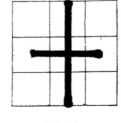

（圖31）

在漢的五銖，新莽的六泉銅幣中，偶有出現內郭四個角的地方常有類刀刃點切小痕，稱：「四出」「四決」（圖32），這種小紋在錢面、背都有出現過，在《易經》《八卦》中稱「四正、四隅」，是這個用意？抑是在安排錢型位置時，必須在錢型與錢型間的定位上畫出一條對角線所作的一個記號，在出土的范模上是有這樣的線條記號（圖33）。

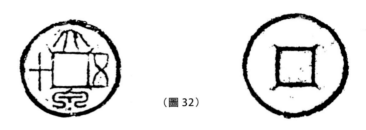

（圖32）

（圖33）

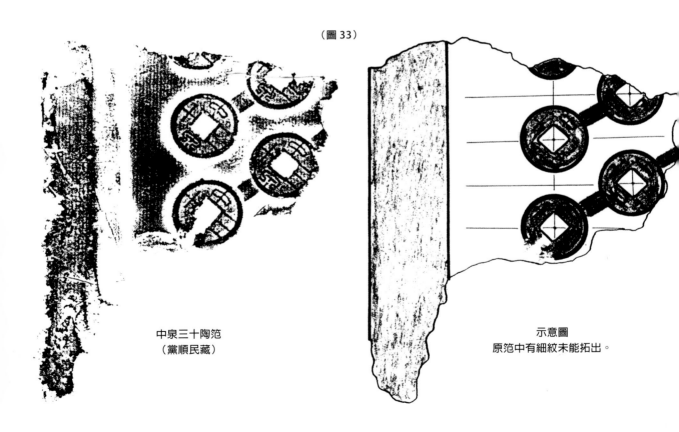

中泉三十陶范
（黨順民藏）

示意圖
原范中有細紋未能拓出。

大泉五十這四個篆文，在錢面上書寫，仍然有變化，其中以「大」「泉」二字變化較多；

一、「大」字的肩、手部書寫成半圓形，兩足直立，或微內側（圖34）稱：「圓大」「撓大」。

　　寫成弧型，微向外伸而短，兩足微內側（圖35）稱：「圓弧大」。

　　寫成像「巾」字，兩肩橫平，兩手下垂，雙足直立（圖36）稱：「圓垂大」。

　　寫成像左右斜坡，頂部在中間，兩足微內側（圖37）稱：「斜走大」。

　　寫成像富士山山頂樣子的，兩足微側（圖38）稱：「連山大」。

　　寫成兩手端微向上趨，兩足微側（圖39）稱：「蜿走大」。

　　一般大泉五十版式，書法上之變化，以「大」為主，故賜於特別名稱。其他，就以單字本身形狀而稱呼，如：「泉」字特大，稱：「大字泉」；「五」字細長，稱：「瘦五」。「十」字直劃太短，稱「短劃十」……等。

（圖34）圓大

（圖35）圓弧大

（圖36）圓垂大

（圖37）斜走大

（圖38）連山大

（圖39）蜿走大

異形大

2.5cm　4.3g

二、「泉」字：「白」部（圖40）有書寫成「﹏」「﹏」「﹏」，有無上點「泉」，有寫成大頭狀「泉」狀，有小頭「泉」狀，有方形「泉」，有寬扁形「泉」，有空心狀「泉」，有缺筆「﹏」，有歪斜不正「泉」等。中間（圖41）「T」部，有寫成「T」「T」「十」等。兩足有左右緊閉「泉」，有兩足分得很開的「泉」，也有左右足高低不等的「泉」，更有若隱若現「泉」，實在不好稱它「失足」。其他「五」字，「十」字，也就由此類推，不再贅言了。

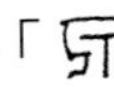

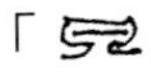

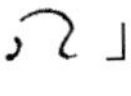

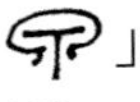

（圖40）

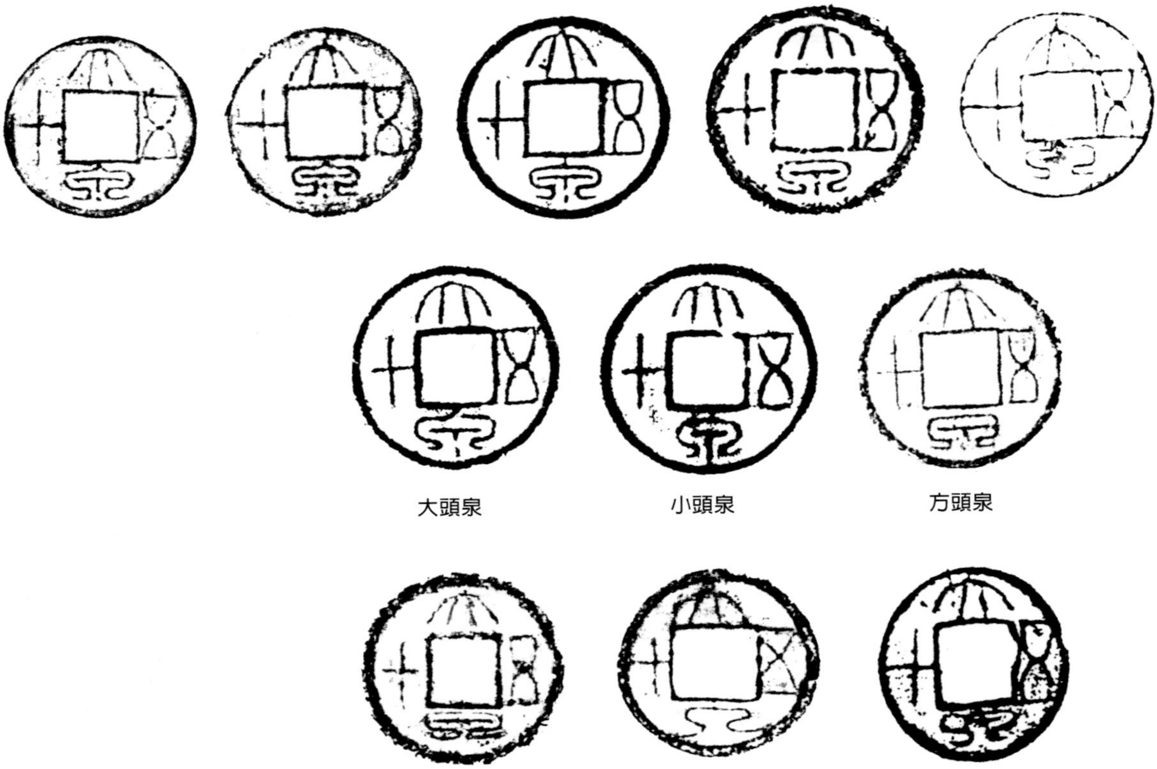

大頭泉　　　　小頭泉　　　　方頭泉

扁頭泉　　　　空心泉　　　　歪泉

（圖41）

穿十　　　　閉足　　　　開足　　　　高低足　　　　失足？

修笵的問題：

　　新莽鑄幣精美，除上述的製做過程嚴謹外，在品管方面也是講究的，尤其在錢文書法上更是用心。鑄錢時不論用合笵或疊笵方式，鑄出的銅幣難免有些不良品，勢必要修補。在這繁複輾轉過程中，要修改錢文，只有在第一道程序的原始笵模上或疊笵中的薄泥笵上動手，因為它本身材質是乾泥，其他銅母笵、陶笵等，都因太堅硬而難以動刀。這部份我們分成兩段來研討。

一、　在原始笵上修改時，因為是用刀尖、刀刃修飾的，所以筆劃顯得鋒利，在錢幣實物上很清楚，在拓圖上就比較難以見到端倪。如「大」字兩手部份「𠂇」刻歪了，或者筆末端用勁不足，這種滑刀現象在鑄幣完成後，就會形成（圖42）。要修改它，就得再原始笵上補上一筆，修補後就會形成（圖43）這個樣子；若草率了事，就會形成（圖44）這個樣子有人對這錢文潦草的銅錢，歸類為私鑄，本人不同意，因為私鑄的動機，不外乎牟利，這些銅幣和官鑄的大泉五十，在行制大小、徑、重上都差不多，沒有價差可得。

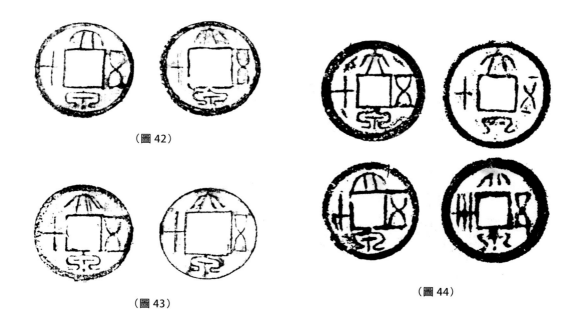

（圖42）

（圖43）

（圖44）

二、用疊范鑄造銅幣過程時，在壓泥成薄泥范時力道不均，會形成部份字體不清，（壓泥時是銅范文字部份面向上，泥則倒入范模裡，用力壓緊至范緣九分滿；爾後，再翻轉銅范，在桌面上敲擊一下，讓泥胚脫離銅范；這就是為什麼銅范背全都是平背，沒有把、鈕之類的設計）；不仔細品檢，就會形成大泉五十四個字中少了一個字或幾個字（圖45）。若及時發現，補救方法，就是在薄泥范陰乾過程中修飾一番；筆劃少的用刀補正，字體隱隱約約，若有若無的，就用預先刻好的「大」「泉」「五」「十」四個字木章，補蓋上去；因為原先字口上尚有殘留字跡，加蓋之後，就形成重疊的字體，稱：「重影」（圖46）。

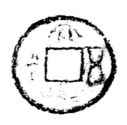

（圖45）

（圖46）

戲鑄：

在大泉五十銅錢中，有些錢文鑄成「大泉十五」「大五十
泉」⋯⋯等奇奇怪怪的（圖47）。這些銅錢材質、形制、徑重、
書法等和一般大泉五十都差不多；以往錢譜著作都將它歸類為
錯范因素，這是不對的。新莽時期的鑄幣是從居攝二年（西元
7年）第一次鑄大泉五十開始，終於地皇三年（22年）。銅錢
因通貨問題，只好一再減重；但它的鑄造工藝，尤其錢文書法
卻能保持原樣，這是很難得的。基於這緣由，大家都將這類奇
怪的銅錢，全部說成是錯范鑄成的。

（圖47）

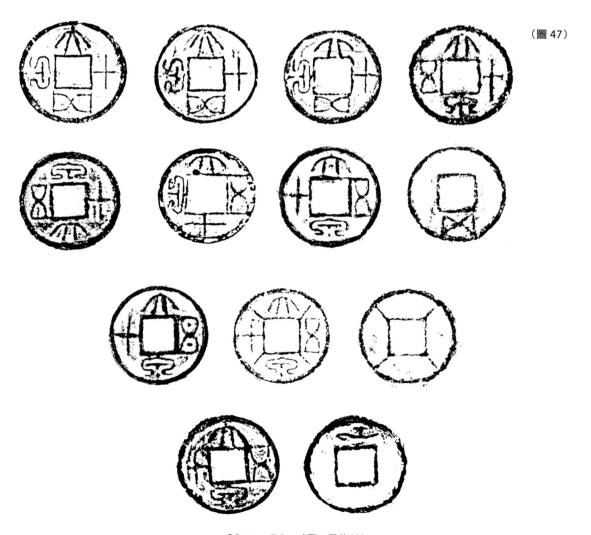

26mm　7.3g（背：帶鉤紋）

古人研究古錢，喜歡從錢幣本身的歷史背景、文獻、書法、坑口、銅銹等方向研究；但卻少於研討鑄錢工藝，及實地考察的工作，犯了不用科學驗証的毛病。泉學家蔣若是云：「治學之道，貴在求實。錢與范若蚌之與珠，捨蚌而取珠，則珠亦失所據。范失出土時間與地點，則范亦失所據矣。錢出於墓，捨墓取錢，錢出於窖藏，眾人分之，則所據儘失矣。依失所據錢，追求『版別』，進而欲以分類型、劃年代，則費力勤而得益少。作爲錢譜，則羅列現象；以史文推求，則所見各異。」這眞是一針見血的道出了研究古泉者的通病。

　　我們看了許多錢范實物，也參閱了多種漢代錢范的書籍、拓圖、照片、出土報告等，對范模的製作已知之甚詳。大泉五十的錢范，「合范法」所鑄的銅錢，都是一個面范配合另一個背范，面、背要緊密合在一起，勢必做出面范有數個凸榫，背范則在相同位置做出凹槽，凸凹相合，范模才不會晃動，這才能鑄幣。錯范只有可能出現在不同組的背范上，但它還是面、背兩范相合，只是用到另一組的范，鑄出的錢幣背面就會形成如（圖48）這樣子。「疊范法」所鑄的銅錢，在銅母范上更有多組的榫頭和凹槽，又增加兩組的圓鎖（圓凸點）；在薄泥范相疊時，是一片面向上，另一片面向下，上面那一片是要作一個180度轉向才能兜得攏；因爲錢范上錢幣排列，若是兩面文，則配兩背文，這面、背都刻在同一片范模裡，是疊范鑄幣的特點（圖49）。假如其中一片薄泥范沒有作180度反轉向動作，鑄出的錢就會形成面文「大泉五十」背也是「大泉五十」，另一組錢就會形成兩面都沒文字的空背，我們稱這類錢爲「合背」「合面」。但是大泉五十的范模裡都設計有凸凹的榫頭，弄錯了會形成凸榫對凸榫，凹槽對凹槽現象，這兩片薄泥范根本無法兜攏，哪能鑄幣呢？所以上述那些奇特面文的大泉五十，我認爲都是「戲鑄」的，不是當時的行用錢。

（圖48）　

（圖 49）

凸榫凹槽

凹槽　　　　　　　　　　　　　　　　　　　　凸榫

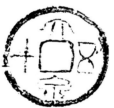

合背　　　　　　　　　　　　　合背傳形

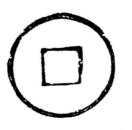

合面

其他用途的鑄幣：

除了上述那些行用錢外，還有些同樣是「大泉五十」的鑄幣，其中鐵錢和餅形錢是當時的行用貨幣（圖 50）。其他，有加鑄吉祥語、圖案、北斗七星等面紋者，應當是宗教用途，古人稱：「厭勝錢」（圖 51），這些多樣的大泉五十，有當代所鑄造的，也有後代所鑄的。

（圖 50）

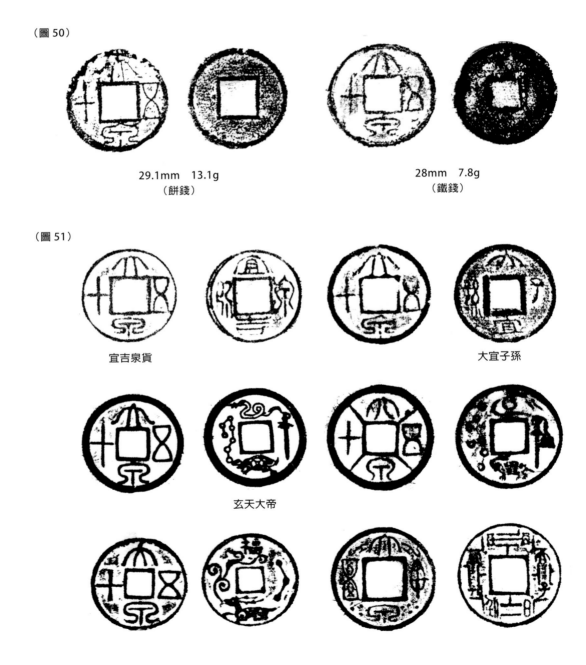

29.1mm　13.1g
（餅錢）

28mm　7.8g
（鐵錢）

（圖 51）

宜吉泉貨

大宜子孫

玄天大帝

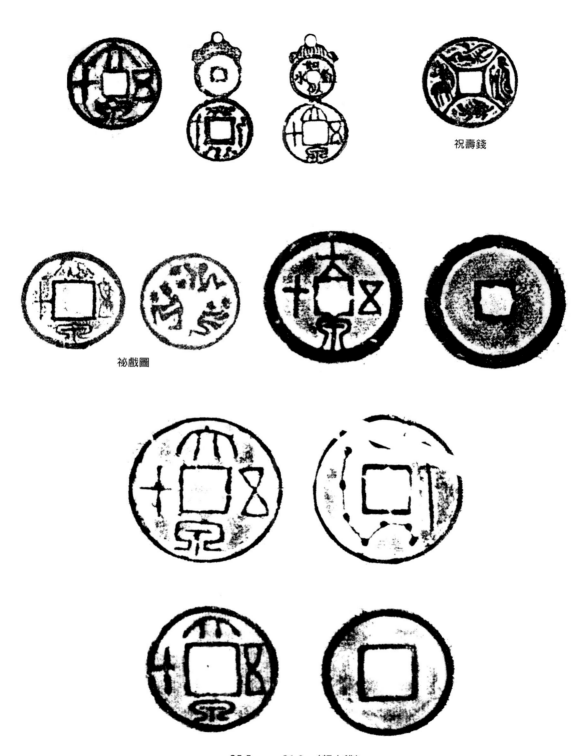

祝壽錢

祕戲圖

35.5mm　21.8g（超大錢）

大泉五銖：

　　「大泉五銖」此錢時有發現，品種也多，可見當時也能流通行使某一區域，1982年包頭銅廠從涼城縣廢品收購站採購一批民用廢銅，內有銅錢一批其中發現兩枚「大泉五銖」錢，錢徑爲2.5厘米，「大泉」兩字有壓跡，「銖」字粗一看很像「十」字，此錢應是莽亡，漢復之際，某一錢爐改鑄時，來不及換錢范，就用「五銖」在原「大泉五十」范上壓製而成。（《中國錢幣》1984.2內蒙古涼城發現「大泉五銖」錢師寶珍）

　　在五十年代鄭家相在他的《五銖研究》一文中，也曾提出研究：「所謂工人戲取大泉五十舊范剡而試之，及取大泉五十錢用極印逼成「銖」字於「十」字之上之語，仍屬錯誤。據予所得，此類「大泉五銖」錢，有取五銖錢用極印逼成大泉五十者，有取五銖范改刻大泉五十而鑄成者；未見有取大泉五十錢用極印逼成「銖」字於「十」字之上者，亦未見有取大泉五十范改刻「銖」字而鑄成者。蓋此類之錢，大抵起於王莽禁用漢五銖之後。《漢書·食貨志》曰：「民失以五銖錢市買，莽患之，下詔有敢挾五銖錢者，爲惑眾，投諸四裔，以禦魑魅。於是農商失業，食貨俱廢，民涕泣於市道，抵罪者不可稱數，莽知民愁，迺但行小錢直一與大泉五十，二品並行，龜貝布屬且寢。」是王莽在始建國年間禁用五銖甚嚴，人民不敢以五銖錢市買，於是黠者乃將五銖錢磨去「銖」字，用極印逼成大泉五十字樣，以便混同行使，其磨痕不能盡滅，隱現銖字，遂成爲「大泉五銖」矣。因其逼成，位置無定，有面大泉五十背現五銖二字者，有面大泉銖五而銖字倒列者，蓋當時人民逼成此錢，祇須現有大泉五十字樣，而不顧及其錢之背正倒也。此種似爲人民混用開始時之錢，至於鑄成之「大泉五銖」，亦以五銖舊范增刻大泉五十字樣而鑄成之，錢質趨於輕薄，文字更爲不精，驟視之爲大泉五銖，細審之尚有十字可辨，

蓋民間逼成之不已，而復私鑄之也。雖然，莽錢種類甚多，當時人民私鑿私鑄，獨以大泉爲文者，蓋亦有故焉。大泉五十爲王莽居攝二年所創鑄，其後雖屢更幣制，而大泉未廢，在莽之世，始終行用，此爲人民私鑿私鑄，所以用大泉爲文者，一也；大泉初鑄重十二銖，值五十，其後值漸減而至當一，質漸輕而至不及五銖，因其形質與五銖相似，故用五銖錢逼成大泉五十，或以五銖錢范鑄成大泉五銖，極易混用，此人民私鑿私鑄所以用大泉爲文者，二也。據此推求，大泉五銖，混用之時期，當在始建國年間，禁用五銖錢之後，直至終莽之世也，無疑矣。」

27mm　7.4g

大泉五十背六博文：

《楚辭注》：「投六箸，行六棋，故爲六博也。」於此，我們有個初步的瞭解，「陸博」爲一種棋戲，玩時先投箸，再行棋。《論語》裡頭有「不有博弈者乎。」更可見至遲到春秋時期，這玩意兒已開始流行，經戰國至秦此藝不衰，至漢代乃大爲風靡。它和投壺、蹴踘、鬥雞、走狗等，同爲漢代百戲之一，而此道尤得文人青睞，遂成爲往後中國文人的傳統文娛之一。

　　1973 年在河北平山縣發掘的戰國時期中山國的墓葬中，出土了兩件石棋盤，另外，湖北雲夢睡虎地更出土一套完整的六博具，其中包括：一個棋盤、六枚棋子、一根算籌。時至漢代，以陸博具陪葬的更形普遍，並有製作六博俑爲明器的，由於考古資料的出現，今天我們方得一窺漢代六博之一斑。

東漢有一本專門介紹陸博方法的書叫《博經》，惜此書已經亡佚，只由一些漢代的畫像石，石刻，陸博俑以及零星的文獻資料來推測，其博法似乎可分成兩種，一種是所謂的「投六箸，行六棋」之法，大致是兩人對坐，中間置一棋盤，一枰，枰上放有箸，盤上置有魚而行棋，一人先投箸決籌數，再行棋，至於怎麼投，怎麼個行法，就不清楚了；另一種博法是採取輪流投擲骰的方法，此法或可二人對博，或四人，先擲了骰子決定數字與勝負再行棋，骰子有十八面，十六面上有數字，另兩面一刻「驕」字，一刻「𩥇」，驕為勝，𩥇為輸。如此，再把酒來酌，不但對博者樂於其中，觀者亦同染其悅，此真應了那麼一首酒令詩「局上閑爭戰，人間任是非。空郊采樵客，根爛不知歸。」

枰和局均為方形板子，為木製，石製居多，「局」上畫有棋紋格道，故「局」又叫棋盤，然由棋盤上所畫的曲道來看，可能與漢代的天文曆算有著密切的關係罷，整個棋盤面，正中央畫一正方型，正方型四邊緣中央有四個「T」字紋，棋盤的四個角以及四邊中央有「L」字紋。這類曲道紋和漢代的所謂「規矩紋銅鏡」上，面也有此般的紋樣。（楊美莉 閒話陸博《故宮文物》27 期）

25.5mm　3.9g

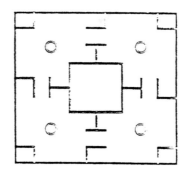

六博棋皿圖紋。

「六博」是一種無拘無束，毫無禁忌的遊戲，因而飲酒博奕乃常見之例。圖為成都市郊出土之漢畫磚，畫中上端兩人正在飲酒作樂；下端兩人正首傾身踞，嘶聲吶喊，奮力對博中。

甘肅出土的六博奕木俑（甘肅省省博物館藏）。

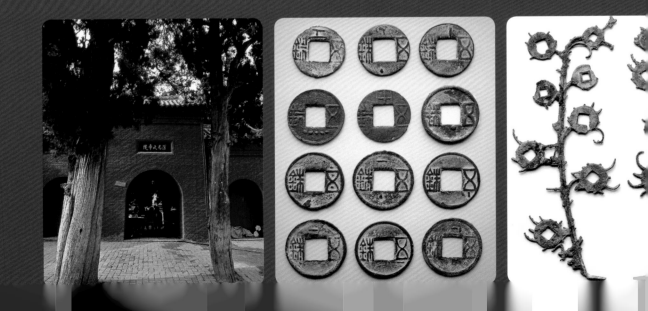

東漢五銖

東漢五銖

　　劉秀是漢景帝的五世孫，生長在民間，爲人謹厚深沈，曾遊學長安。他的胞兄劉縯任俠好士，志大才高，很得人心，昆陽戰後，他們兄弟威名更高，更始很是猜忌，因此殺了劉縯，劉秀忍住悲痛，仍對更始表示恭順；後來奉命經營河北，靠著他寬大的作風，謀士鄧禹的策劃，招攬英雄，並求順民心，收撫了河北中部、西部，並擊滅占據邯鄲的王郎。不久又破「銅馬」等流寇，勢力更爲強大，於是即帝於鄗（河北高邑），改元建武，是爲光武帝。西元 25 ～ 57 年建都洛陽，史稱：東漢。

▼ 白水寺：在湖北棗陽吳店鎮西白水之濱的獅子山上，是劉秀的家祠。

漢光武帝陵。

光武帝 劉秀塑像。

南陽春陵白水鄉，劉秀故居是塊風水寶地，堪輿者預言：「氣佳哉！郁郁蔥蔥然……劉秀當為天子。」

東漢畫磚上的家居庭院。

近代仿建的漢代家居庭院。

索性將四角線刻到外廓，這樣不僅在范模上排列方便又整齊，事後也証明鑄出的五銖錢整體不差，亦無減重等弊病，就慢慢的被接受了。

這是我個人觀察許多五銖背范時所發現的；又何況「四出五銖」也因為西漢五銖的出土，而被質疑它不一定是從靈帝時才開始鑄造的；至於「四出」之紋被認為是分崩析之朕兆，那更不可能，因為後代的魏晉、南北朝時亦有許多朝廷用它的背文。如：梁鐵五銖背四道、太清豐樂，魏永安五銖背四道……等，在在顯示背四出的刻劃有其製作上的好處，否則不會被後代人一再沿用。

輪錢圖案的花窗：張掖大佛寺。

四川七曲山大廟輪錢圖案的迴廊。

▲ 泉州 開元寺輪錢圖案的花窗。
◀ 哈密 回王陵輪錢圖案的圓柱。

雙胎五銖的探討：

　　「雙胎五銖」這一名詞，不知何時，何人所創。早在乾隆年間已有人注意，五十年前鄭家相先在《五銖研究》一文中曾有著墨，始知此名。當時認為係「磨范」所致，非一種製作也。

　　以前，很多人認為是錯范所造成的，那是不對也不可能的，錯范或移范只能形成如下圖所製的錢幣。

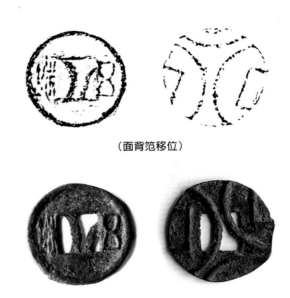

（面背范移位）

　　爾後，陸續有人研究發表專文討論，天津唐石父也曾作產生雙胎五銖原因的推測的專文探討，他推測原因有三：一、是「銖」字的「朱」字半邊都比「金」字占地寬，占地寬窄使錢面布局受影響，最後決定於刻范的時候由於刻工相地所宜做成的。二、是刻字完成時發現歪斜，加以調整，使文字擺正，就形成先刻淺文與調整深文，同時並存，造成重影。三、是刻刀所造成的，刀刃左右入刀，在表面看不出雙胎（重影）的，可

是一經燒鑄成鑄幣後，范的表面變成錢文的根底，范的底部刻文變成了表面（最高部位），反露在錢面顯現出雙胎來。

以上形成雙胎五銖的原因，應可判斷這是「疊范法」製作上，在燒製子陶范之前，所作的修改而產生的。

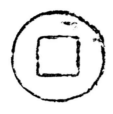

24mm　3.9g（雙五）

24mm　3.0g（雙朱）

24mm　2.6g（雙金）

董卓的無文小錢：

西元 189 年，靈帝崩。何進謀誅宦官反被殺。袁紹悉誅宦官二千餘人。董卓入洛陽，廢少帝，立獻帝。

西元 190 年，關東州郡起兵討董卓。董卓弒少帝，遷都長安，放火燒洛陽。

西元 192 年，呂布殺董卓。各地州牧擁兵稱雄，獻帝徒具虛名東漢名存實亡。

在董卓占領長安時，取秦始皇金人鑄小錢，秦始皇平定天下後，沒收天下兵器，聚咸陽加以銷毀，作成鐘鐻和十二個金人，每個金人重一千石，放在咸陽宮裡，董卓壞其十為錢，剩下二個；石勒曾遷之於鄴，苻堅又遷回長安銷毀。有史以來最大的銅人變成了雞目鵝眼似的小錢。依《中國貨幣史》彭信威所估算，董卓以九個金人鑄錢，加上其它銅器，當有四五十億枚，而流通範圍大概只限於長安，洛

20-12mm 1.4g-0.5g
這類無文廣穿小錢並非全部是董卓所鑄，也有部份是私鑄錢。

陽一帶，其它地區繼續使用五銖錢，董卓採取小錢政策無
非是想從貨幣減重中撈到好處，但隨即引起了通貨膨漲及
民間的大量仿製。《後漢書》說是「一石穀值幾萬」這些
小錢細薄脆弱，在流通中破碎失落，反而造成了物質浪費；
這類無文廣穿小錢並非完全是董卓所鑄，也有部份是民間
私鑄的。

搖錢樹：

南岳祥光峰下藏經殿中有一棵樹，每到秋天，枝頭掛滿了一串串宛如古錢幣的黃色果實，名叫「搖錢樹」。

相傳很久以前，藏經殿的林中住著一位砍柴為生的老漢，他每天挑柴到集市，賣完後要走三十里路回家，時間長了，老漢體力也衰弱，砍柴也力不從心。一日，他想起辛苦的晚年，不禁老淚縱橫，仰天長嘆！忽然，一位白髮童顏的健壯老人站在他的面前，問明原委後，拿出一顆金色的種子，告訴他說：「把種子種下，今年發芽，明年長樹，後年結果。但每天要挑七七四十九擔水澆灌，水裡要滴七七四十九滴汗，快開花時要滴七七四十九滴血，切記。」

老漢拿到樹種後，找了一塊好地方種下，按照老人的叮囑辛勤地培植。過了三年，春暖時節，樹上開出一串串黃花，夏天結成串串圓錢果實，有風吹來，則叮噹作響。老漢剛摘下一串果實，立即滾出許多銅錢，一搖樹，銅錢墜落如雨。這是藏經殿旁「搖錢樹」的典故。下圖即是漢畫磚上的搖錢樹的拓片：

▲ 漢畫磚上的搖錢樹，圖中一人正在撿錢，一人挑錢。

出土文物中還發現過「搖錢樹」陪葬品。1959 年 11 月，雲南昭通溫家營後的一座東漢墓中出土了搖錢樹殘片，樹枝上製有四枚銅錢，三枚小的背面都無文字，一枚較大的錢兩面鑄有「五銖作口」「五銖北口」字樣，枝上還有人騎馬，騎麂、射箭等栩栩如生的圖案。

這幾十年來，由於大力營建及舊房改革，西南地區雲、貴及四川一帶，隨東漢墓出土的「搖錢樹」時有所聞，綿竹縣還出土一件號稱中國最大的搖錢樹，足足有三米高。這些搖錢樹一般都由陶座和青銅樹枝、葉兩個部份組成，陶座上浮雕著抱甕騎羊老人，持竿敲打錢樹上的人，撿錢和把錢幣挑走的人等圖型；錢樹彎曲紛披，果實累累，還裝飾著西王母等神話人物，魚龍漫衍，極富浪漫色彩。

清代文人富察敦崇在《燕京歲時記》書中裡有關於搖錢樹風俗的描寫：北方民俗，大年三十夜晚，人們用龍盆裝飯，飯上佈滿紅棗、黑棗、豆子，盆中插一松一柏，把開口的花生、白果夾在柏枝上，再掛上自做的錢串和元寶錠，便成了「財神進門」的搖錢樹。

語言上的「搖錢樹」是指把人當作賺錢的工具。段安節《樂府雜錄》寫道：「許和子者，吉州永新縣樂家女……即美且慧，善歌，能變新聲。及卒，謂其母：「阿母，錢樹子倒矣！」「搖錢樹」這句俗語，至今還廣為行用。（參閱王又新《錢眼裡的文化》林鬱文化事業有限公司）

➤ 漢墓出土「搖錢樹」樹枝。

漢武帝的白金三品：

　　當武帝對西域的天馬、汗血馬渴望得到外，也對西域的貿易來往甚感興趣，對他們所使用的銀貨錢幣交易充滿好奇；漢朝當時行金、銅本位制，沒有銀幣這種錢幣。所以武帝爲了和西域人交流，於元狩四年（B.C.119 年）多鑄「白金三品」，《史記‧平準書》曰：又造銀錫爲白金，以爲天用莫如「龍」，地用莫如「馬」，人用莫如「龜」，「故白金三品其一曰重八兩，其紋龍，名曰：白選（撰），直三千；二曰：重差小，方之，其紋馬，直五百；三曰：復小，橢之，其紋龜，直三百」。這種銀錫合金的錢幣，用龍、馬、龜三種圖型來鑄造，又是動輒千、百的高價值貨幣，誘使盜鑄風焰。根據《史記‧平準書》「盜鑄諸金錢罪皆死，而吏民之盜鑄白金者不可勝數」。「白金稍賤，民不寶用，縣官以令禁之無益。歲餘白金終廢不行」。

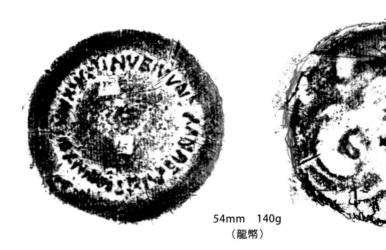

54mm　140g
（龍幣）

白金三品近年來有出土，爭議也不小，目前還要一些佐證來詮釋。其中對「龍幣」的肯定，是比較一致的；龍幣其型圓中凸，大小重量（140.2克）類似漢的柿子金，面凸處飾一龍紋，背凹處外沿一圈古希臘文，這文字就是令考古人士，及錢幣研究者，最感興趣，也最費神之處，至今還無法解釋出它的原意！筆者曾請教研究古希臘文學者，也只能譯出「……王中之王……」幾字而已。

漢陪葬用金餅，和白金三品中的「龍幣」形狀、大小、顏色頗為相似。

CHAPTER 9

兩漢時期
的西方貨幣

兩漢時期的
西方貨幣

「西域」有廣狹二義，狹義之西域今之新疆；廣義之西域包括有：中亞、西亞、地中海沿岸及印度。今就蔥嶺以西和漢朝同時並稱四大帝國的貴霜王國、安息王國、羅馬帝國等國家的貨幣作一介紹。

今日通往西域的道上，遇風起砂飛時，茫茫一片，有如通往無涯的天際。

▲ 炎熱的陽光照射下，往西域的柏油
路上，在鏡頭下有如滾燙的膏油。

◀ 往西域道上，除部份城市及綠州外，
大部份是荒無人煙的沙漠，年降雨量
不到三十公釐，幾乎是全年不下雨。

于闐佛國

　　和田位於新疆南部，《漢書》《魏書》《隋書》《宋史》《明史》等皆作于闐。印度稱和田為屈丹，梵語作：「薩旦那」，譯為「地乳」因其地「忽然隆起，其狀如乳」；這裡沃野千里，瓜果咸備，以盛產「和田玉」聞名於世。1959年由和闐改為和田縣。

　　于闐建國傳說：「國王無子，向毘沙門天神像祈禱，神像額上剖出嬰孩，並於神前地湧出地乳，用以哺育嬰兒。這個孩子長大成為于闐的立國君王，並以瞿薩旦那（地乳）為于闐的國號」。

　　西元前76年佛教傳入于闐。《周書·于闐傳》「于闐，俗重佛法，寺塔僧尼甚眾。王尤信向，每設齋日，必親自灑掃饋食焉。」

　　于闐國，阿克斯皮力城踏查（1997年9月）

▼ 阿克斯皮力城位於南疆和田洛浦縣西北40公里處。此城在玉龍喀什河東岸將近5公里的高大沙包群中，是古于闐國舊城。

阿克斯皮力城最突出的遺跡是一道古城牆和垜牆，以前曾有一些歐洲探險家探訪過，包括著名考古學家斯坦因。雖然此城大部份都埋在流沙中，這長方形城牆一邊長約 100 公尺、高約 3 公尺、厚約 1.2 公尺，中間有一堅固的土坯砌成平台，各邊都突出 1 公尺，修有台階，可能是作為眺望台。

不同的宗教文化在于闐並存，亦獲得傳播。西元十世紀時，阿拉伯人，阿艾杜拉・米撒爾在他的遊記中，記載于闐東境的媲摩城「有穆斯林、猶太教、基督教、火祆教、佛教徒」。

李聖天曾遣本國摩尼師貢方物，可見摩尼教徒在于闐具有特殊的地位。斯文赫定（瑞典考古學家）曾於 1896 年從約特干收集到一枚十字架和一塊金牌，都是基督教遺物。

出土的銅印，刻上身著中國式樣衣飾，手舉十字架的摩尼教傳教士。

尼雅古城：

　　位於民豐縣以北 130 里處，是西漢時精絕國遺址。南北長 10 公里，東西寬約 2 公里，房舍廢墟分布在乾涸的尼雅河兩岸。考古學家在這裡發掘出大量珍貴的漢文、佉盧文和古于闐文木簡、木牘、五銖錢等。遺址附近有冶鐵遺跡、礦石、燒結鐵、礦渣等。

◄ 附近被矮沙包環繞著，散布各種碎片，有漢代五銖錢、印章及散落的小琉璃珠、瑪腦、琥珀、蜜蠟及松綠石。

和田美玉其質地溫潤細膩，呈脂肪光澤，其聲若金磬之餘音，絕而復起殘聲遠沉，徐徐方盡，非東方、南方所產之玉能比。

貴霜王國：

　　西元前一世紀後半葉，大月氏越阿姆河消滅了吐火羅人建立的大夏國，成立了貴霜王國。爾後，大月氏人和吐火羅人同化；當貴霜王國鼎盛時期，其影響之大在宏偉的亞洲是空前的。貴霜王國位於巴基斯坦北部的中心，它的面積至今仍然模糊不清，但可以從其鑄幣的地區都分佈在中亞、阿富汗、巴基斯坦、克什米爾以及北部印度等地，應可從這一現象來估算他的疆域。

　　史藉的記載非常混淆，《漢書》和《後漢書》對於貴霜王國的記載就有矛盾的地方，早期貴霜王國記載只有從這兩部史書中可以得到。近年貴霜錢幣的出土提供了不少資料，從而得知約在西元前 100 年左右，大月氏的「五部翎侯」已在索底亞那和東帕克特立亞（今阿富汗，Kunduz）地方建立了政權。

▼ 西爾卡普（Sirkap）位巴基斯坦 彼爾馬墩以北，是西元前二世紀的巴克特里亞時代的都市。巴克特里亞是亞歷山大東征時的占領地，太守狄奧多斯宣佈脫離塞琉古王朝後所建立的中亞古國。

西元前 5 年～45 年貴霜的第一位國王赫拉攸斯（Heraus），不久丘就卻（Kujula Kadphises）就取而代之。此君大致和羅馬帝國第一位皇帝奧古斯都（Augustus）同時代的人物，他統一東、西帕克特立亞和花剌子模。

　　西元 55～105 年貴霜王國似乎有一段時期沒有正式的國王，只有一位「無名王」索特美加斯（Soter Megas）由地區將軍變成攝政王，他統一北部巴基斯坦和喀布爾地區，並鞏固了貴霜王國之疆域；這時他也把佛教經文傳播到中國。貴霜學者伯恩斯（Grag Alden Burns）他認為索特美加斯或者就是丘就卻的兒子或姪子。丘就卻去世後，他就成為貴霜國王威瑪‧伽德菲塞斯（閻膏珍）（Wima Kad Phies）。

　　西元 105～128 年閻膏珍繼位，此時王朝分為閻膏珍和迦膩色迦（Kanishka）各自統治的兩部份。

　　西元 130～158 年迦膩色迦在位時，貴霜王國最強盛，他大力向外擴充領土，中亞、索格底那、花剌子模、大宛等地都在其領土，南面的印度旁遮普、信德、恆河河谷地區，都由貴霜王國控制，他又遷都至白沙瓦（今巴基斯坦 Peshaw）。迦膩色迦曾自稱「喀什米爾王」，在釋迦牟尼圓寂後 400 年，在喀什米爾召開第 4 次佛教徒大會，弘揚佛法。

迦膩色迦去世後傳位到了波調（Vasu Deva）時，貴霜王的名字又在史書中出現，《三國志》《魏書》中提到此王於魏明帝太和三年遣使奉獻，魏王冊封他為親魏大月氏王。波調去世後，貴霜王國開始衰落，許多地區都分裂成為獨立的小國。西元三世紀時，波斯薩珊王國興起，許多貴霜王國的土地都被佔領或成附庸；西元四世紀後期貴霜王國曾復興，但延續至五世紀中便為嚈達所滅亡。（杜維善《絲綢之路古國錢幣》）（《神祕的貴霜帝國造幣廠》David Thompson 著。王敏賢譯）

西爾素克（Sirsukh）是西元 130 年時伽膩色迦一世（Kanishka I A.D.130～160）建築的都市。現在仍有部份尚未發掘，但仍可以看到長約五公里的城牆。

達位瑪吉卡佛塔（Dearmar-ajiks
Stupa），為瓦蘇德瓦一世（波
調　）（Vasudeva I A.D.195 ～
230）所建的佛塔及寺院，是在
一山丘上，目前僅剩下一些塔基
及寺院基座而己。

塔克百（Takht-Bhai）是巴基斯坦境內保存最完整的佛寺遺跡，建於西元前100年，「塔克百」名字是當地兩個水糟之意；這寺院年代久遠，在玄奘的遊記中並未記載，所以它原本之寺院名稱被人遺忘了。

▲ 戈瑞沙摩西寺院（Gharag Shamozg），
戈瑞是地名，寺院地處鮮為人知的山頂上，
因路途遙遠陡峭，保存狀況不錯；在偌大的
的寺院遺址中，依然可從石板基石位置上分
析出原本寺院規模。據考証此寺院建於 200B.
C. ～ 400A.D.，有六百多年歷史。整個貫連
貴霜王國的興亡。

➤ 喬里安（Jaul ian）講經堂遺址，在一個山
坡上，這曾是唐代的玄奘停駐過的地方。四
週密密地排著一個個狹小的打座間，壁上還
有很多破殘的佛像，全屬犍陀羅系列。

貴霜王國早期邱就卻銅幣，徑 23mm
重 6.7g 左右。幣面圖案雕像略淺。

伽德菲斯（閻膏珍）銅幣，徑 27mm 重 16g 左右。
大樣厚重，幣面戎裝王像，左手持劍指地，右手
提獻祭物，上方有有一圈希臘文（大王 王中之
王……）；背像則以濕婆騎坐瘤牛（印度聖牛南迪）。

索特美加斯銅幣，徑 24.4mm, 重 8.3g 左右。幣面
為半胸式面右王像，頭戴螺紋髮辮王冠，冠上發出
放射狀光茫，左手在胸前持一長劍或矛，頭後有一
「屮」三叉徽號；背像則武士騎馬，頭飾飄帶，
手持榛棒，威風凜凜，馬前亦有「屮」符號。

中期以迦膩色伽錢幣為代表，有金幣、銅幣；圖案則有濃厚的印度教、祆教、佛教等信息。此迦膩色伽金幣，徑 21mm 重 7.9g。幣面國王面左立姿，頂戴高尖帽顎下長鬚，左手獻祭物，右持長矛（戟？）錢沿左右各有銘文；背面濕婆神頭頂一圈珠點紋，左手拿鮮花，上有族徽「卐」，右手持三叉長戟及圓盾，立於聖牛前。

胡維色迦銅幣，徑 26mm 重 16g 左右。幣面國王面左立姿，右手持戟下端「卐」族徽，左手提獻祭物，邊沿連珠點飾紋；背面國王騎大象雙手持一長戟。

瓦蘇德一世（波調）金幣，徑 20.5mm 重 7.9g。幣面國王面左立姿，右手持獻祭物上豎一三叉戟，錢沿銘文「大王 王中大王……」，左手持三叉長戟，下有「卐」族徽；背面立濕婆神持三叉戟及聖牛，並有「卐」族徽，也清楚見到濕婆神頭頸後一圈「舟光」。

瓦蘇德一世（波調）銅幣，徑 26.5mm 重 9.2g。幣面國王面左立姿，右手持獻祭物上一三叉戟，左手持一長戟，遠處隱約見到祭壇；背面濕婆神雙手上舉立於聖牛前，右有「凸」族徽。

幣面國王面左立姿，左手持戟朝上，下方則有銘文（國王或統治者名字），右手下指祭壇，上方有一三叉戟；背面為坐在寶座上的女神阿多克梭（Ardokhsho）。金質，錢徑 22mm 重 7.8g。伽膩色迦二世、三世，莎迦（Ahaka）及凱普納達（Kipanada），以及後來的笈多人都曾鑄造此金幣，但黃金成色略遜。

貴霜王國晚期，波斯薩珊王國興起，貴霜被佔領成附庸地，金幣也鑄成「薩珊式」。此金幣徑 34.5mm 重 8.81g。幣面國王面左立像，左手持三叉戟，戟下族徽「凸」，右手攜獻祭品，有鮮花及三叉戟，上沿銘文「貴霜大王……」；背面為印度教三大主神之一濕婆神站在聖牛南迪旁。這種蛋殼式錢幣，後來的嚈噠人也曾仿鑄。

安息王國：

西元前三世紀中塞琉古王朝和埃及進行戰爭，國內諸王子爭奪王位導至國勢走向下坡，東部的領土遭到達赫人入侵；希臘人統治的帕克特利亞（Baktr1a）也被佔領，於是這些游牧達赫人建立了中亞史上所謂的安息王國（Parthia）。

西元前247年阿爾撒西斯（Arsakes）他在伊朗東北部立國。

西元前191～176年費里亞帕提奧斯（Phriapatios）他控制伊朗全部地區、高加索、美索不達米亞東南部地區。

西元前160～140年米撒拉特（Mithradates）在位時，埃藍（E1am）波希斯、恰拉納都成了安息王國附庸。

西元前123～88年米撒拉特二世即位時他不但和游牧部落訂立各種條約，阻止他們向西擴充，同時還派二萬軍隊在國界迎接由漢朝來的張騫副使，當漢朝使者回國

▼ 伊朗高原：
西亞的伊朗西元前六世紀至七世紀，一千二百年間，波斯人在此建立了三個疆域遼闊，歷時長久的王朝。即：阿契美尼德王朝（Achaemenid B.C.549—330）。帕提亞王朝（Parthia B.C.247-A.D.224），中國稱：安息。薩珊王朝（Sassan A.D.266-651）。

時，安息也派了使者到漢朝觀光，這是中國和伊朗最早發生直接外交關係，以後對絲綢之路上的貿易有極深遠的影響。《後漢書·西域傳·大秦》「大秦國一名犁靬……與安息天竺交市於海中，利市有十倍，……其王常欲通使於漢，而安息欲以漢繒綵與之交市，故遮閡不得自達。」可見當時安息王國國勢甚強，壟斷中西貿易權。

西元 10 ～ 38 年阿他巴納斯二世（Artabanos）在位時，擊敗了羅馬支持的傀儡政權逢諾內斯後，安息王即大力復古並排除一切傾向羅馬式的措施。

西元 101 ～ 147 年沃拉迦撒斯三世（Gotarzes）王室內部爭奪王位，糾紛一直無法解決，因此國力漸漸衰退。西元 224 年安息屢為新興起的薩珊王國（Sasa-niad Dynasty）所敗，不久便滅亡。

大流士（Tachara）的宮殿，波、希戰爭後，被亞歷山大所毀。

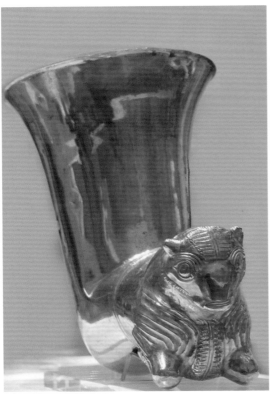

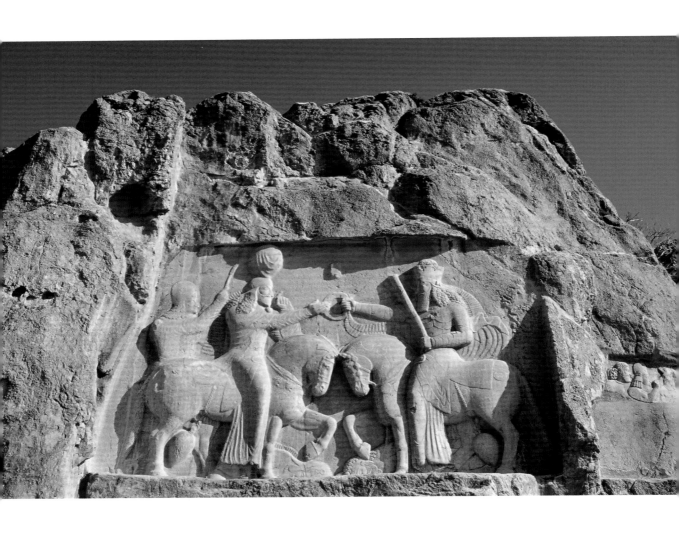

阿塔希爾一世登基紀念碑的一
部份。阿塔希爾一世的馬蹄下，
踏著安息王國的阿達巴納斯五
世；而阿佛拉、馬茲達神的馬
下，則踐踏著惡神阿里曼。

在那克塞‧羅斯達岩壁向西遠眺，有兩座聖火台，是依聖火神殿形式建造的，也是目前伊朗境內僅存的聖火殿。

巴姆（Bam）
是絲路上一座有二千年歷史的古城，在安息時期就建築完備。大城市占地 18 萬平方公尺，並以高 7 公尺的城牆保護著，一直到一百年前還有人在此居住。

安息王國的錢幣：

安息王朝錢幣以銀幣和銅幣為主。銀幣分成大型（Tetradachm）和小型（Drachm）兩種。大型的主要流通地為美索不達米亞；小型銀幣則限於伊朗、阿富汗高原地區流通。銅幣很少，可能用為輔幣性質。重量、形制，仍是希臘式。錢面王像向左，向右的多數是某王年輕時候的鑄幣。

《史記‧大宛列傳》：「安息以銀為錢，錢如王面，王死輒更錢，效王面焉。」「畫革旁行以為書記」。

早期王像一般都載尖頂風帽，到米撒拉特一世時便將風帽改為有裝飾的髮幘，到西那土司（Sinatvuces）（西元前 77 ～ 70 年）時，皇冠式出現。錢背有持弓武士坐椅上或三腳椅上，武士周圍有希臘文；中期錢幣王像前有時出現星、月，同時有些還加上巴拉維文。（杜維善《絲綢之路古國錢幣》上海博物館）。

安息王國（帕提亞 Parthin）的銀幣。

米撒拉特二世（Mithadtes I B.C,171~138）銀幣，徑 17.5mm 重 3.1g，幣面國王半身面左幀髮；背面武士持弓端坐，邊緣有希臘銘文。

西那士司（Sinatvuces B.C.75~）銀幣，徑 17.5mm 重 3.7g，幣面國王半身面左戴皇冠；背面武士持弓端坐，注希臘文：和平愛好者，榮耀、偉大的大王。

奧洛德斯二世（Orodes II B.C.37~）銀幣，有大、小型兩種，大型徑 27.5mm 重 12.1g，小型徑 21mm 重 3.1g。幣面國王半身面左向幀髮；背面武士持弓端坐，佈滿希臘文。

古羅馬：

　　羅馬崛起的時代和中國的漢朝約略相當。在義大利半島西岸中部的台伯河下游是一片富庶的拉丁平原，在西元前八世紀時，拉丁人在台伯河（Tiber）畔建立了羅馬城，開始成為獨立國家。羅馬歷史可分為三期，一是王政時代，二是共和時代（西元前 510～27 年），三是帝國時代（前 27 年至 476 年）。其中第一期王政時代我們所知不多，根據傳說，他們的祖先是特洛城英雄伊里亞斯（Aeneas），在希臘人大破特洛城後，伊里亞斯率領他的家人逃到意大利的台伯河邊定居。紀元前八世紀，國王努米托（Numitor）的女兒生了雙胞胎，而阿慕里亞斯（努米托國王之弟）感到這對雙胞胎對他的權勢有所威脅，於是命令將雙胞胎丟進台伯河。很幸運地，這兩男孩都被母野狼所救；但在一次瑣屑細小的事，孿生兄弟起爭執中羅姆魯斯（Romulus）殺死了雷穆斯（Remus）；後來羅姆魯斯在西元前753 年建立了羅馬（Rome）並成為第一位國王。這傳說故事，在羅馬的雕刻作品上，錢幣圖案上，時有出現。

　　王政於西元前 510 年被推翻，此後羅馬歷史就進入共和時代。所謂「共和政治」，要到西元前三世紀中才大致發展完備。在共和時代羅馬不斷的以戰爭擴張領土，在西元前三

兩位孿生兄弟被丟棄台伯河被母狼養大，這小孩叫羅姆魯斯（Romuius）長大後，於西元前 753 年建立了羅馬並成為第一位國王，這是羅馬起源的傳說故事：在羅馬的雕塑作品上、錢幣圖案上，時有出現。

世紀占領了整個義大利，至西元前二世紀制伏了宿敵北非的迦太基（Carthage），並且積極進入希臘文化世界，逐漸取得希臘化世界的控制權。

　　共和的最後一百年間（西元前一世紀），羅馬政治不穩，內戰不斷，又因領土和商業的繼續擴張，軍人和商人開始嚴重影響政局。其中以凱撒（Caesar1）和其義子屋大維（Octavian）最為重要。凱撒為一能幹的將軍，曾率軍征服高盧（今法國），又善於籠絡人心，逐成為羅馬人的英雄與實際的獨裁者；但是他也為保衛共和傳統的元老們所反對，最後終於被刺身亡。

《荷馬史詩》中「木馬屠城記」敘述了特洛伊小王子搶來希臘美女海倫，引來十年長期戰爭。最後希臘人想出一計：以一隻戴有希臘精銳部隊的大型木馬，佯稱送給特洛伊人崇拜的女神雅典娜，將木馬棄於城外，同時假意離去，特洛伊人接受了它，卻因此而亡國。現在特洛伊遺址門前仿製了一隻木馬，遊客可上到木馬腹中體會一下歷史情境。

三千年前的特洛伊城，遺址相當大，有宮殿、聚落、城牆、港口……等。

羅馬龐貝古城中的廣場大殿。

▲ 羅馬競技場。
◀ 帕密拉古城。

羅馬共和時期的錢幣：

這個階段在西元前 6 世紀到西元前 1 世紀之間，其錢——硬幣，製作無非是燒鑄和沖壓兩種。通過人工或簡單機械用模子沖壓預先準備好的金屬毛胚，得到各種圖案和文字；由於操作方法原始，常常有偏小和正反面錯位的情況，邊緣的修整粗糙，圓度也不正確。材質主要是金，銀，青銅和純度不高的紫銅。

金幣的單位是奧里（Aureus），銀幣的單位是第納爾（Denarius），銅幣的單位是福立（Follis）。

共和時期錢幣上的圖案大多是正面爲羅馬諸神，背面則是戰船、馬匹、馳騁的武士等等。

羅馬人打鑄錢幣的廠景。

幣面女神像；背圖：多槳帆船向右行駛。銅幣徑 23mm 重 12.5g。B.C.211~207

羅馬共和時代早期銀幣，徑 17.5mm 重 3.9g。B.C.78~79 沿用希臘神話中的飛馬。

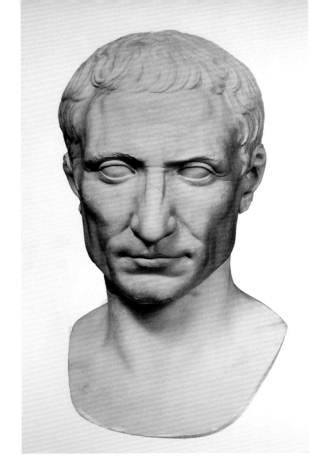

凱撒像。

凱撒（Julius Caesar）B.C.44 銀幣徑 15.5mm 重 3.8g。幣面愛神維納斯；
背圖：伊里亞斯（Ae-neas）肩背父王安喀塞斯（Anchises），手持特
洛伊女神雅典娜出走的故事。

馬帝國時期的錢幣：

　　凱撒之死並不能轉移一人專政的形勢，他的義子屋大維在清除政敵，替凱撒報仇之後，於西元前 27 年結束內戰，成為羅馬統治者，自稱「第一公民」，元老院上尊號「奧古斯都」（1m Perator Caesar Augustus），後世稱他為第一個羅馬「皇帝」。不過在當時只是「將軍」之意。

　　在屋大維的統治下，羅馬進入帝國時期，開始了約兩百年的繁榮時期。從西元第三世紀開始，羅馬帝國逐漸在政治、經濟、社會各方面陷入混亂，最後終於分為東西兩個帝國，西羅馬帝國於西元 476 年亡。

　　羅馬文化中有農人與軍人的背景，所以表現出實際而不好玄思的性格，不論在雕刻，繪畫或建築上大多抄襲希臘作品為主。唯一可稱為具有羅馬風格的，是共和時代晚期以後的人像雕刻，這些肖像大多酷似真人，這種以外貌的「肖似」為滿足的作品，好似現代的照片，雖不一定在美學上有深刻的表現，卻給後世留下許多羅馬人生動的面貌；在錢幣上的帝王面貌有助於後人揣摩他們的性格與作為。

奧古斯都（Augustus）像。

奧古斯都銅幣，徑 28.5mm 重 10.8g。幣面奧古斯都側像；背圖一牡牛。

奧古斯都（Augustus）A.D.10~14 銅幣徑 26.5mm 重 11.5g。幣面奧古斯都面右，阿格里帕（Agrippa）面左；背圖：鱷魚被綁在棕櫚樹枝上，上有長飄帶花環。

羅馬軍隊是支訓練有素、紀律嚴明、裝備精良的軍團，是羅馬人得以向世界各地進軍，並為帝國贏得更多土地的致勝關鍵。（錄自：ROME ART & ARCHITELTURE）

舒斯巴羅（Vespasian）A.D.69~79. 銀幣徑 16mm 重 3.1g。

哈德良（Hadrian）A.D.117~138. 銀幣徑 17mm 重 2.6g。

安敦尼（Antoninus pius）A.D.138~161. 銀幣徑 17mm 重 3.1g。

大福斯蒂納（Faustina Senior）銀幣徑 17mm 重 3.4g。是安敦尼庇護之妻，西元 141 年
大福斯蒂納去世後，安敦尼所作追思幣。

路狄斯 維里（Lucius Verus）A.D.161~169. 銀幣徑 17mm 重 2.6g。

賽普提 塞維魯（Septimius Severus）A.D.193~211. 銀幣徑 17mm 重 3.0g。

卡拉卡拉（Caracalla）A.D.211~217. 銀幣徑 16.5mm 重 2.9g。卡拉卡拉生性凶殘嗜血，終被自已的禁衛軍所殺。

蓋塔（Geta）A.D.211~212. 銀幣徑 19mm 重 3.3g。幣面蓋塔面右像；背圖：勝利女神一手持矛，一手又端著勝利女神球（小雕像），重覆的渴望？不安情緒的反射。他是卡拉卡拉的弟弟，兄弟共帝。

多姆娜（Julia Domma）A.D.193~217. 銀幣徑 16mm 重 3.1g。幣面多姆娜面右像；背圖：女神左手持矛，右手「自由帽」。她是卡拉卡拉母親，一位聰明幹練的女人，西元 217 年其子卡拉卡拉被殺，她也飲鴆自絕。

馬克里努（Macrinus）A.D.217~218. 銅幣徑 24mm 重 13.4g。幣面馬克里努面右像；背圖：老鷹展雙翅立樹上。

愛拉加巴路（Elagabalus）A.D.218~222 銀幣徑 19mm 重 3.0g。

亞歷山大 塞維魯（Alexander Severus）A.D.222~235. 銀幣徑 18mm 重 3.1g。

馬克西密一世（Maximinus I）A.D.235~238. 銀幣徑 19mm 重 3.0g。幣面馬克西密一世面右像；背圖：意指圖中小孩為帝位繼承人，他身材魁梧，善於征戰，在平定羅馬叛變中被部下所殺。

圖拉真 莉娜（Tranquillina）A.D.240~251. 銀幣徑 19mm 重 4.8g。

菲利普一世（Philip I）A.D.244~249. 銀幣徑 20mm 重 3.6g。幣面菲利普一世面右像頂戴芒冠；背圖：勝利女神坐姿持長矛和盾，右手一飛舞的鴿子，象徵勝利、和平。

菲利普二世（Philip II）A.D.247~249. 銀幣徑 20mm 重 4.9g。幣面菲利普二世面右像頂戴芒冠；背圖：父子相倚坐像，但事與願違，西元 247 年立同名兒子共帝。在其任內舉辦了羅馬建城一千年盛典。249 年為德西烏斯（Decius）所推翻，其子菲利普二世同年 11 月被殺。

波斯特莫（Postumus）A.D.259~267. 銀幣徑 21mm 重 4.0g。

普羅巴斯（Probus）A.D.276~286. 銅幣徑 17mm 重 8.0g。幣面普羅巴斯面右像戴桂冠；背圖；身著元老院袍衫手持頒書，以示帝位合法性。下置「B」鑄幣廠。

戴克里先（Diocletian）A.D.284~305. 銅幣徑 15.1mm 重 8.5g。幣面戴克里先面右像戴桂冠；背圖：平靜女神（Quies）面左，手持樹枝依於權杖上。左右「L」「I」字。

馬克西狄（Maxenius）A.D.306~312. 銀幣徑 24mm 重 6.9g。幣面馬克西狄面右像戴桂冠；背圖：武士一手持劍，一手駐佇鴿子。戰爭與和平象徵性大。

君士坦丁（Constantius）A.D.307~337. 銅幣徑 21mm 重 3.6g。幣面君士坦丁面右像戴桂冠；背圖：君士坦丁一手持軍旗，一手勝利女神球，腳旁還有海豚來祝賀。君士坦丁堡臨大洋，錢幣雕刻家以海豚來代表新國都面臨大海。

約維安努斯（Jovianus）A.D.363~364. 金幣徑 21mm 重 4.7g。幣面約維安努斯束髮帶面右像；背圖：勝利女神一手持矛，另一手拿盾，蹬足右望，威風凜凜。

瓦倫提尼安努斯一世（Valentinianus I）A.D.364~375. 金幣徑 21mm 重 4.5g。幣面瓦倫提尼安努斯一世束髮帶面右像：背圖：皇帝自持軍旗，另一手上持勝利女神球，上沿銘文：共和國復興者。

君士坦丁堡是東羅馬的國都,西元 395 年羅馬帝國分裂,476 年西羅馬為日耳曼人所亡。
東羅馬的拜占庭則延續至十二世。圖為君士坦丁堡,聖索菲教堂(Ayasof-ya)。

MEMO

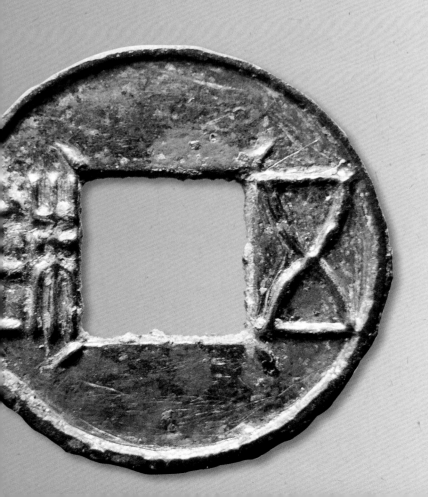

MEMO

國家圖書館出版品預行編目資料

兩漢貨幣通覽 / 蔡啓祥著. -- 初版. -- 臺北市 ：
蘭臺出版：博客思發行，2016.05　面；　公分
ISBN 978-986-5633-28-8(精裝)

1.貨幣史 2.漢代

561.092　　　　　　　　　　　　105005254

考古文物 7

兩漢貨幣通覽

作　　者：蔡啓祥

編　　輯：張加君

美編設計：涵設

出 版 者：蘭臺出版社

發　　行：博客思出版事業網

地　　址：台北市中正區重慶南路一段121號8樓之14

電　　話：(02)2331-1675或(02)2331-1691

傳　　真：(02)2382-6225

E-MAIL：books5w@yahoo.com.tw或books5w@gmail.com

網路書店：http://bookstv.com.tw/、http://store.pchome.com.tw/yesbooks/

　　　　　華文網路書店、三民書局

　　　　　博客來網路書店 http://www.books.com.tw

總 經 銷：成信文化事業股份有限公司

電　　話：02-2219-2080　　傳　　真：02-2219-2180

劃撥戶名：蘭臺出版社 帳號：18995335

香港代理：香港聯合零售有限公司

地　　址：香港新界大蒲汀麗路36號中華商務印刷大樓

　　　　　C&C Building，36，Ting，Lai，Road，Tai，Po，New，Territories

電　　話：(852)2150-2100　　傳　　真：(852)2356-0735

總 經 銷：廈門外圖集團有限公司

地　　址：廈門市湖裡區悅華路8號4樓

電　　話：86-592-2230177　　傳　　真：86-592-5365089

出版日期：2016年5月 初版

定　價：新臺幣800元整

ISBN：978-986-5633-28-8(精裝)